GOLF
Améliorez votre handicap

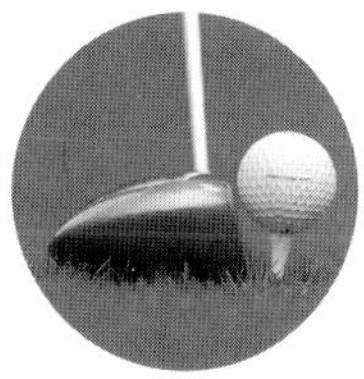

Golf

Améliorez

NICK WRIGHT

votre
handicap

SOLAR

TABLE DES MATIÈRES

Titre original de cet ouvrage : *Lower Your Golf Handicap*
Traduction : Sydney Selvon
Secrétariat d'édition : Martine Bresson-Rosenmann
Réalisation : Chesteroc International Graphics

Publié pour la première fois en Grande-Bretagne en 2002 par
Hamlyn, une filiale d'Octopus Publishing Group Ltd,
2-4 Heron Quays, London E14 4JP

www.solar.tm.fr

ISBN : 2-263-03545-1
Code éditeur : S03545
Dépôt légal : mai 2003
Imprimé et relié en Chine.

L'enseignement du golf a progressé par étapes durant ces dix dernières années. Les méthodes d'entraînement se sont améliorées, tendant vers une standardisation des théories proposées par les meilleurs entraîneurs. En outre, l'analyse vidéo a éliminé l'à-peu-près du processus d'apprentissage. Elle vous permet d'étudier votre technique jusque dans le moindre détail. Vous pouvez trouver une riche panoplie de ces cours sous forme de livres, d'articles de magazine, de sites web, de CD-ROM et de DVD.

Avec tout ce matériel disponible, et tandis que les fabricants de clubs de golf produisent des clubs d'un maniement de plus en plus aisé et des balles d'un aérodynamisme toujours amélioré, il serait pardonnable de croire que le handicap du golfeur moyen va diminuer à une vitesse folle. Avec un peu de temps et d'entraînement, nous devrions tous parvenir au niveau de zéro handicap, et nous nous verrions bien établir de nouveaux records sur les parcours de golf, ou nous enregistrer pour les Masters ou les US Open Championships. Mais cela ne se passe pas comme ça, malheureusement. En fait, la moyenne du handicap du golfeur n'a pratiquement pas changé pendant la dernière décennie.

Pourquoi la grande majorité des joueurs ne donnent-ils jamais l'impression d'améliorer leur golf ? La raison essentielle en est que très peu de golfeurs font suffisamment preuve de l'engagement et de la discipline requis pour travailler leur jeu d'une manière régulière. Suivre des cours et lire des livres, c'est important, mais si vous ne passez pas assez de temps à frapper la balle sur l'aire d'entraînement et à pratiquer votre chipping et votre putting, vous ne parviendrez jamais à transformer la théorie en réalité. Cependant, un

grand nombre de golfeurs passent des heures à pratiquer durant leur temps libre. Mais, en dépit de cela, ils ne parviennent pas à faire baisser leur handicap de manière significative. Pourquoi ? En général, ils ne pratiquent pas d'une façon efficace ni ne se sont fixé un objectif à atteindre par un effort structuré.

Ce livre a pour but de vous fournir toute l'information dont vous avez besoin pour réduire significativement votre handicap en l'espace de seulement dix semaines. Outre une amélioration de votre attitude, de votre approche mentale, de votre gestion du parcours et de votre technique dans tous les aspects du jeu, ce programme de dix semaines vous permettra d'acquérir et de développer de la manière la plus efficace les qualités nécessaires à un bon joueur. Vous serez aussi en mesure d'identifier vos faiblesses et d'y remédier.

L'objectif de ce livre n'est pas de vous donner le swing parfait. La plus grosse erreur serait de penser que vous avez besoin d'avoir un swing dans le style Nick Faldo pour devenir un bien meilleur joueur. Si, dans cet ouvrage, j'aborde fréquemment la théorie du swing et les aspects techniques du jeu, je vous y rappelle également constamment que vous n'avez pas besoin d'une maîtrise technique sans faille pour vous transformer en golfeur à un seul chiffre de handicap. Simplement, il vous faut devenir compétent dans presque tous les compartiments du jeu – tout particulièrement autour du green. Et c'est à la portée de presque tous les golfeurs amateurs.

Nick Wright

Londres, Angleterre, 2002

PREMIÈRE PARTIE

PREMIERS PAS VERS LE SUCCÈS

Si vous voulez devenir un golfeur avec un handicap à un seul chiffre dans les dix prochaines semaines, vous devez avant tout être prêt à consacrer du temps à travailler votre jeu. Sans une attitude correcte, la détermination et le désir d'améliorer votre golf de manière vraiment significative, vous échouerez inévitablement contre le tout premier obstacle. Ce premier pas est le plus important de tout le programme.

Que ce soit bien clair, vous n'avez pas besoin d'être parfait pour devenir un golfeur avec un handicap à un chiffre. Vous devez apprendre à vous fixer des objectifs réalistes et réalisables, et acquérir des méthodes pour accroître votre confiance en vous et votre concentration. Dans les pages suivantes, vous apprendrez aussi à choisir l'équipement le mieux adapté à votre jeu, ainsi que des techniques de base concernant la gestion du parcours et la pratique. L'objectif est d'optimiser votre potentiel sur un parcours de golf et votre travail sur l'aire d'entraînement.

Les aptitudes requises pour atteindre un handicap à un chiffre

Une des erreurs les plus répandues est de croire qu'il existe un swing relevant d'une magie et d'une mystique secrètes, qu'il faudrait acquérir pour se transformer en golfeur accompli. De nombreux golfeurs croient aussi que les très bons joueurs possèdent des swings sans aucune faille et utilisent tout naturellement des gestes techniques d'une totale perfection. Ils supposent que ces as des greens percutent infailliblement la balle exactement au joli petit point en plein milieu de la face du club. Tout cela n'a rien de vrai, évidemment, et les champions sont loin d'être irréprochables.

En fait, dans la plupart des cas, un joueur classé handicap 9 ne dépasse guère la moyenne dans presque tous les compartiments du jeu. Contrairement à ce que vous pourriez imaginer, pour atteindre un handicap en dessous de 10, il est inutile que vous lanciez la balle à plus de 230 mètres. Vous n'avez pas besoin d'une frappe d'une parfaite pureté à chaque fois que vous utilisez le fer. Point besoin, non plus, d'être un magicien du green et de réussir tous les putts qui se présenteront à vous – il est toutefois certain que cela aidera votre cause !

La plupart des golfeurs ont les aptitudes physiques nécessaires pour pratiquer du bon golf et atteindre sans problème un handicap inférieur à 10. Mais ce qui les empêche d'utiliser tout leur potentiel, c'est leur manque de confiance et de foi en eux-mêmes, leur manque de volonté, leur absence de motivation quand il s'agit de suivre des cours et de pratiquer les techniques apprises. Ils gèrent mal leurs parcours ou, tout simplement, ils n'ont pas assez joué.

En raison de la diversité des aptitudes requises pour bien jouer au golf, les joueurs ayant un handicap à un seul chiffre peuvent se révéler extrêmement différents. Certains sont médiocres au drive et au fer long, mais sauvent leurs scores par le chipping et le putting, en réalisant des pars et des bogeys. D'autres lancent la balle loin et correctement au départ du tee, mais perdent rapidement leur avantage parce qu'ils manient mal les fers longs et manquent de conviction sur le green. Les joueurs plus âgés et expérimentés maintiennent souvent un faible handicap en jouant simplement selon leur force. Ils se contentent de jouer la balle et ne prennent aucun risque qui pourrait se révéler inutile.

Le principe que je rappellerai avec force tout au long de ce livre est que vous n'avez pas besoin de maîtriser parfaitement l'un des aspects du jeu pour atteindre les handicaps à un chiffre. Pensez au nombre de fois où vous avez dû effectuer un putt de trop lors de votre dernière partie de golf. Comme la plupart des golfeurs amateurs, vous avez sans doute gaspillé sur l'ensemble du parcours trois ou quatre coups. Maintenant, réfléchissez : combien de fois avez-vous perdu un coup parce que vous aviez pris une mauvaise décision ? Et combien de fois avez-vous fait un bogey ou pire parce que vous n'aviez pas choisi le bon club ?

En faisant honnêtement vos comptes, vous découvrirez que, invariablement, vous gaspillez en moyenne huit ou neuf coups par partie. Éliminez-les, et vous aurez fait la moitié du chemin.

CONFIANCE

Un état d'esprit positif

Rien n'est plus important que la confiance sur un parcours de golf. Lorsque tout se déroule bien et que vous maîtrisez votre jeu, vous avez le sentiment que vous pouvez tout réussir. Vous avez l'impression qu'il n'existe aucun chip que vous ne puissiez réussir en envoyant directement la balle dans le trou. Malheureusement, de telles journées sont rares pour la majorité des golfeurs amateurs.

PATIENCE

L'aptitude à « peiner pour produire un score »

Vous avez peut-être entendu les commentateurs de télévision parler du joueur qui « peine pour produire un score ». Cela veut dire que le joueur en question n'est pas au summum de sa forme. Il a du mal, mais il réussit quand même un score décent. Il y parvient en réalisant beaucoup de pars sûrs, sans tenter d'attaquer le trou par des birdies.

Les meilleurs des professionnels peuvent transformer une partie potentiellement médiocre de 73 ou 74 en un parcours de 69 ou 70. Ils y parviennent tout simplement en gardant leur calme et en attendant que l'occasion propice se présente. À votre niveau, votre capacité à transformer un 85 ou un 86 en un 80 ou 81 constituerait déjà un atout d'une valeur inestimable. En réfléchissant et en restant maître de vos émotions, vous pouvez en effet sauver plusieurs de vos coups, et ce durant toute l'année.

OBSERVATION

Observez pour apprendre

Les meilleurs golfeurs sont très observateurs sur un parcours de golf. Pour atteindre un bon score, vous devez avoir la tête sur les épaules. Vous devez noter et analyser un certain nombre de facteurs importants, depuis la force du vent à la position des obstacles et des zones dangereuses du parcours.

Surveillez toujours la manière dont sont portés les coups de vos partenaires et comment ils se terminent après avoir touché le fairway. Cela vous permettra d'assimiler un maximum de données avant de jouer chaque coup.

DISCIPLINE

Résistez à la tentation des records

Votre maîtrise de vous figure parmi vos meilleurs atouts sur un parcours de golf. La plupart des golfeurs gaspillent d'innombrables coups suite à de mauvaises décisions ou en essayant des coups de récupération trop ambitieux. Soyez conscient de vos limites. N'essayez jamais des coups si vous savez que vous n'êtes pas en mesure de les réussir. Observez les professionnels et voyez ce qu'ils font lorsqu'ils sont en situation délicate. Vous remarquerez qu'ils analysent la situation et jouent ensuite un coup qu'ils maîtrisent parfaitement.

FOI EN SOI-MÊME

Personne ne croira en vous si vous-même n'y croyez pas

Vous aurez du mal à parvenir à un handicap à un seul chiffre si vous n'y croyez pas dur comme fer. Combien de fois avez-vous effectué une bonne partie sur quatorze ou quinze trous, puis avez découvert en lisant votre feuille de score que, si vous pouviez jouer les quatre trous restants en 4 au-dessus du par, vous réaliseriez 100, 90 ou 80 ? Que s'est-il passé alors ? Votre jeu s'est déconstruit, vous vous êtes déconcentré et avez perdu confiance ; finalement, vous avez ruiné votre score.

Évitez de vous imposer des limites qui freineraient votre progression. Essayez de faire le meilleur score possible, plutôt que de vous fixer un objectif comme 90 ou 80.

CONCENTRATION

Réfléchissez avant de jouer

La concentration sur un parcours de golf n'implique pas que vous restiez plongé dans vos pensées, au point de n'adresser la parole à personne durant la partie. Vous devez apporter toute votre attention à la préparation et à l'exécution de chaque coup, mais entre ces moments, vous pouvez faire ce que vous voulez.

Votre première étape : fixez-vous des objectifs à votre portée

N'importe quel psychologue travaillant avec des sportifs vous dira que le fait de vous fixer des objectifs est crucial pour l'amélioration de votre jeu. Sans une idée claire de ce que vous voulez accomplir, il est peu probable que vous réussissiez. Des objectifs comme « je veux améliorer mon golf » ne sont pas suffisamment précis. Ils ne constituent pas de vrais défis. Plus votre objectif sera détaillé, plus réel il sera. Et plus votre cerveau se concentrera pour y parvenir. Mettez par écrit les buts que vous visez. Utilisez le présent de l'indicatif lorsque vous les évoquez, comme si vous les aviez déjà atteints. Pour qu'un objectif soit réalisable, il doit répondre aux critères décrits ci-après.

SPÉCIFIQUE

Plus un but fixé est précis, mieux c'est. Dans le cas présent, il est simple. Vous visez à parvenir à un handicap de 9 en dix semaines, grâce au programme de ce livre.

MESURABLE

Si vous ne pouvez pas évaluer votre progrès, comment savoir que vous vous êtes amélioré ? Votre objectif doit être mesurable. Vos scores vous permettront de suivre votre performance et votre progression.

ACCESSIBLE

Un but trop facile à atteindre ne vaut rien. À l'inverse, il ne serait pas réaliste de viser un handicap 1 en dix semaines, alors que vous en êtes actuellement à 28. Il faut vous fixer un objectif qui vous permette de vous dépasser, mais qui reste à votre portée.

RÉALISTE

Pour qu'un objectif soit atteint, il doit être réaliste. C'est beaucoup demander à un débutant que de parvenir à un handicap à un chiffre en seulement dix semaines. Cependant, un golfeur ayant un handicap moyen à fort devrait être en mesure de réduire son score de sept ou huit coups durant cette même période.

LIMITÉ DANS LE TEMPS

Il faut vous fixer une limite dans le temps. Vous devez abaisser votre score de façon significative et atteindre un handicap à un chiffre dans un délai de dix semaines.

Vous pouvez vous rappeler ces critères par la formule mnémotechnique suivante : SMART.

- **S**pécifique
- **M**esurable
- **A**ccessible
- **R**éaliste
- **T**emps (limité dans le)

PRENEZ-VOUS DÈS MAINTENANT POUR UN GOLFEUR AVEC UN HANDICAP À UN CHIFFRE

Lorsque vous avez fixé vos objectifs pour les prochains mois, quel est le premier pas que vous devez accomplir pour devenir un golfeur avec un handicap à un seul chiffre ? Bien que très importants, un grip correct, une série de leçons ou plus de temps consacré au jeu ne sont pas décisifs. Beaucoup de golfeurs ont un grip parfait, prennent régulièrement des leçons et jouent tous les deux jours, mais ne parviennent toujours pas à 90. Tandis que d'autres tiennent leur club d'une manière peu orthodoxe, n'ont jamais pris de leçons de leur vie, ne jouent qu'une fois par mois et descendent pourtant régulièrement en dessous de 80. Quelle est la différence ? La confiance. Vous devez croire en votre technique, en votre jeu. Adoptez une attitude résolument positive sur le parcours.

« On devient ce que l'on pense. » Appliquez cette règle et commencez à vous prendre pour un golfeur avec un handicap à un chiffre. Imaginez ce que cela serait, comment vous penseriez sur le parcours, comment vous approcheriez le jeu et quelle confiance vous animerait si vous étiez un tel joueur.

LES ERREURS MENTALES COÛTENT CHER

Les erreurs font partie du jeu, mais si les fautes techniques sont compréhensibles, en revanche, les erreurs mentales entraînant de mauvaises décisions doivent à tout prix être évitées. Vous pouvez réaliser presque instantanément d'énormes progrès dans cet aspect fondamental. Remémorez-vous votre dernière partie de golf. Comptez tous les coups que vous avez gaspillés. Très probablement, vos échecs étaient dus à une erreur sur le plan mental. Pensez de manière constructive à chaque coup que vous jouez. Envisagez les différents scénarios avant d'agir. Devinez où votre balle touchera le sol si vous manquez votre coup et comment vous pouvez minimiser les risques. Demandez-vous sans cesse : « Est-ce la meilleure façon de jouer ce coup ? » Si, après avoir tout planifié et préparé, vous faites quand même un mauvais tir, vous aurez au moins fait tout votre possible : le golf n'est pas une science exacte!

Adoptez une approche positive

Les bunkers, les pièces d'eau, les greens où ça glisse vite et les fairways étroits sont autant de défis qu'il faut affronter et vaincre à un moment donné. Toutefois, sur le parcours de golf, votre pire adversaire, c'est vous-même. Combien de fois vous êtes-vous résolu à driver trop haut, à gâcher un chip ou à rater un putt court ? Combien de fois vous êtes-vous mis à penser, devant le premier tee, à tout ce qui pourrait mal tourner plutôt qu'à ce qui pourrait réussir ? En faisant vos premiers pas vers un handicap à un seul chiffre, vous devrez absolument cesser ce monologue négatif. Il ne peut que saper votre confiance en vous, insinuer des doutes dans votre esprit, bloquer votre progression et réduire à néant votre plaisir de jouer.

N'AYEZ PAS PEUR D'ÉCHOUER

Ce qui empêche le plus les golfeurs amateurs de donner le meilleur d'eux-mêmes est la peur d'échouer. Posez-vous simplement ces questions : « Pourquoi est-ce que, sur l'aire d'entraînement, je peux frapper la balle avec confiance et à la perfection ? Pourquoi puis-je y effectuer un swing sans inhibition aucune et avec une aisance totale ? Et pourquoi, le lendemain, j'en suis réduit à me tenir debout devant le premier tee, lors d'une compétition de club, à la manière d'un convalescent de dépression nerveuse, incapable de détacher le club de la balle ? » Est-ce parce que vous vous êtes transformé en joueur médiocre pendant la nuit ? Ou parce que votre swing est soudain devenu inefficace ? Bien sûr que non. La raison en est que, sur l'aire d'entraînement, vous n'éprouvez pas la peur de l'échec. Vous ne pouvez pas perdre votre balle. Vous ne pouvez pas faire des bogeys doubles ou triples. Et vous ne risquez pas d'avoir des pénalités pour vos coups à côté.

Votre objectif est donc d'adopter cette même approche sans peur sur le parcours de golf. Vous devez prendre mentalement l'engagement de ne jamais effectuer un swing sans conviction ou en guise d'essai. C'est une attitude difficile à respecter dans une compétition ou même dans une partie de golf avec des amis. Aussi est-il utile de s'entraîner régulièrement à jouer seul neuf trous, sans la pression des autres joueurs ni crainte de leur jugement.

Vous n'allez pas, bien sûr, frapper la balle à la perfection à chaque fois. Vous raterez encore quelques tirs, et votre balle se retrouvera de temps en temps dans les arbres, mais en vous concentrant à 100 % sur chaque coup, vous parviendrez à maintenir la balle en jeu plus facilement que si vous essayez de la lancer jusqu'au bout du fairway. Vous vous sentirez aussi plus détendu, jouant le coup à votre guise. C'est mieux que de passer quatre heures sur le parcours, en pensant à ce que vous ne voulez pas faire et en vous torturant l'esprit au sujet des conséquences.

TOUS LES TROUS SONT IMPORTANTS, PAS SEULEMENT LES PREMIERS

Une des plus grosses difficultés pour les golfeurs de tous niveaux – même pour les meilleurs des professionnels –, c'est de récupérer après un mauvais départ. Il est difficile de ne pas se mettre en colère ou éprouver du dépit lorsque, après être parti plein d'espoir, vous faites un double bogey, voire pire, dès le premier trou. Il faut alors vous rappeler que les meilleurs joueurs continuent généralement de jouer, malgré un départ raté, finissant parfois par établir des records de parcours et par remporter le tournoi.

Prenez l'exemple de Tiger Woods lors des Masters de 1997. Après avoir effectué les neuf trous de la première moitié du parcours, il s'est placé devant le dixième tee avec 4 au-dessus du par. Il semblait qu'il allait réaliser un score médiocre et se faire éliminer. Plutôt que de pester et de se laisser aller au défaitisme, Woods a continué en réalisant une série de birdies. Et il a joué un golf presque parfait sur les trous restants. Il a terminé sur un record de douze coups d'écart avec son rival le plus proche. Sa victoire, avec un total de 18 sous le par, a été l'exploit du championnat. Cela illustre très bien à quel point les dix-huit trous sont importants lors d'une partie de golf, et pas seulement les tout premiers.

COMMENT RENFORCER VOTRE MENTAL

Visualisez chaque coup avant de le jouer. Imaginez-vous effectuant le swing parfait et touchant la balle de façon irréprochable. Visualisez la hauteur et la trajectoire de la balle, puis voyez-la percuter le sol à proximité de votre cible. Gardez cette image dans votre esprit lorsque vous frappez, et faites en sorte qu'elle soit aussi vivace que possible, afin qu'elle devienne plus réelle. Vous pouvez le faire à la maison ou sur le parcours même.

Visez des petites cibles

Les meilleurs professionnels n'effectuent jamais un coup sans avoir une cible à viser. Vous devez faire de même. Une cible fournit un point sur lequel vous focaliser. Mais viser n'importe quoi au bout du fairway ou sur le green n'est pas suffisant : le manque de précision produit, inévitablement, un jeu défaillant. Sélectionnez une petite cible, telle qu'un buisson à une certaine distance ou un endroit précis du green. Concentrez-vous dessus, et vous réduirez votre marge d'erreur.

Le golf ne repose pas seulement sur la qualité de vos bons coups. Ce sont vos coups ratés qui déterminent votre score.

Engagez-vous à 100 % à chaque coup

Une des différences majeures entre un golfeur professionnel et un amateur est que, après avoir mal joué un coup, le professionnel se positionne sur la balle du prochain coup et s'implique totalement. Mais l'amateur laisse le premier essai affecter sa confiance, ruminant son échec. L'engagement est un des secrets du bon joueur. Un swing sans conviction, caractérisé par la nervosité, augmente les risques d'une mauvaise frappe de balle. Impliquez-vous donc totalement à chaque fois.

Focalisez-vous sur ce que vous comptez faire

Combien de fois vous êtes-vous positionné sur la balle en vous disant : « Je ne veux pas la lancer dans l'eau », « Je ne veux pas finir dans le bunker », « Il ne faut pas gâcher ce drive » ? Pour, ensuite, faire exactement ce que vous redoutiez !

Changez votre dialogue intérieur et, à l'avenir, pensez à ce que vous voulez plutôt qu'à ce que vous ne voulez pas faire.

Concentrez-vous sur le coup, pas sur le swing

Une des plus grosses erreurs est de croire que si vous avez effectué une bonne frappe de balle, vous avez fait un bon swing. Ce n'est pas toujours le cas. Il est possible de réaliser de bonnes frappes de balle avec de mauvais swings et inversement. Désormais, pensez à la frappe de balle et non au swing que vous avez envie de faire. La première améliorera certainement le second.

Identifiez les obstacles, mais sans vous focaliser dessus

Les obstacles tels les bunkers, les arbres, l'eau et le rough sont des parties intégrantes du parcours de golf. Il serait stupide de vous recommander de les ignorer lorsque vous préparez un coup. Tiger Woods dit qu'il est toujours conscient de l'emplacement des obstacles. Mais, ajoute-t-il, une fois qu'il les a repérés et a choisi son club et sa stratégie en conséquence, il les oublie complètement et se concentre sur le coup qu'il veut jouer. Vous devez, vous aussi, adopter cette approche.

Ne pensez pas à vos mauvais coups pendant une partie

Il est très agaçant et frustrant d'avoir particulièrement mal terminé un trou. Toutefois, faire une fixation sur vos erreurs peut aggraver les choses.

Au lieu de vous focaliser sur les mauvais coups, pensez aux bons coups réalisés. Cela vaut également pour votre analyse de la partie après coup. Nous aimons tous nous asseoir en fin de parcours avec nos partenaires de jeu et spéculer sur ce qui se serait passé si, par exemple, nous n'avions pas eu besoin de trois putts pour finir le cinquième trou. Ou encore, si nous n'avions pas raté ce chip sur le quinzième et drivé en dehors du parcours lors du dernier trou. Au lieu de vous attarder sur les erreurs, focalisez-vous sur ce que vous avez bien fait. Rejouez mentalement, de manière répétitive, les bons coups.

Créez-vous une réserve de souvenirs positifs. Vous pourrez y puisez à volonté à chaque fois que vous vous sentirez nerveux ou anxieux au moment de jouer.

Revoyez votre équipement

Tout comme les grands joueurs qui ne négligent rien, vous devez explorer toutes les façons possibles d'améliorer votre jeu. Pour commencer, examinez votre équipement pour vous assurer qu'il vous convient. Presque tous les golfeurs achètent des clubs standard dans un magasin, très souvent après avoir vu une publicité dans un magazine de golf. Ils sont convaincus que la toute dernière merveille d'un fabricant, tel ce fer ou ce driver miracle, transformera leur jeu immédiatement. Souvent, ces golfeurs n'essaient même pas les clubs avant de quitter le magasin.

Si vous souhaitez investir dans un nouveau set de clubs de golf, ne vous précipitez pas dans n'importe quelle boutique pour en ressortir avec le premier set venu ; pratiquez avec une sélection de clubs de même style avant de prendre votre décision finale. Demandez au vendeur de faire ajuster les clubs que vous avez choisis, afin qu'ils soient adaptés à votre physique et à votre swing. La plupart des magasins spécialisés en articles de golf le font gracieusement.

POURQUOI VOUS DEVEZ UTILISER DES CLUBS ADAPTÉS

Si vous mesurez 1,93 m et que vous ayez un swing très puissant, allez-vous jouer avec le même set de clubs qu'une personne qui ne mesure que 1,73 m et dont le swing est un peu moins rapide ? Bien sûr que non. Mais le nombre de golfeurs amateurs qui jouent avec des clubs inadaptés à leur physique et à leur swing est incroyable.

On peut varier la longueur et le fléchissement de la crosse, ainsi que l'angle de la face du club. C'est ainsi qu'on adapte les clubs de golf à des joueurs aux tailles, physiques et vitesses de swing très différents. Vous pouvez même réajuster vos clubs pour contrecarrer votre tendance au slice ou à faire partir la balle sur le côté (hook).

Vous ne réaliserez jamais la totalité de votre potentiel si vous jouez avec des clubs inappropriés à votre style de swing personnel, votre taille et votre physique. Certes, vous réussirez la plupart du temps de belles frappes de balle avec ces clubs, parce que vous vous serez instinctivement adapté à eux, mais vous n'obtiendrez jamais les résultats que vous auriez eu si, à l'inverse, les clubs avaient été parfaitement ajustés à votre jeu.

COMMENT AJUSTER OU FAIRE FAIRE SUR MESURE VOS CLUBS

Heureusement, les bénéfices d'une bonne adéquation des clubs sont maintenant reconnus par les magasins d'articles de golf. La plupart de ces établissements offrent gratuitement ce type de réglage à leurs clients. Si vous ne voulez pas engager les frais d'un nouveau set de clubs, vous pouvez toujours améliorer votre set actuel et le réajuster. Dans la majorité des cas, un spécialiste analysera votre swing et votre physique. Il pourra adapter le set que vous possédez aux spécifications idéales que vous désirez. Il pourra modifier l'angle de la face du club et changer la crosse ou le grip. C'est une solution moins coûteuse que l'achat d'un nouveau set de clubs et plus satisfaisante si vous vous êtes attaché à votre set actuel.

INVESTISSEZ DANS LES WEDGES

Plus des deux tiers des coups sont frappés dans les 55 à 65 mètres du green. C'est le territoire privilégié des wedges. La plupart des meilleurs golfeurs ont au moins trois genres de wedges : un pour les lobs, un pour le sable et un autre pour le pitching. Quelques golfeurs, comme John Daly ou le Suédois Jarmo Sandelin, en apportent quatre.

Sans être aussi sourcilleux, vous seriez bien inspiré d'ajouter à votre set un wedge pour le lob. La plupart des golfeurs amateurs utilisent régulièrement un wedge lors d'une partie. Mais ils ont rarement recours à un fer 2 ou un fer 3. Envisagez donc de renoncer aux fers longs que vous n'utilisez pas souvent et optez à la place pour un wedge spécial : votre jeu court s'améliorera énormément.

NE NÉGLIGEZ NI N'OUBLIEZ VOTRE PUTTER

De nombreux golfeurs sont prêts à dépenser beaucoup d'argent pour un nouveau driver. Mais combien de ces joueurs attachent la même importance à l'achat d'un putter ? Négliger votre putter trahirait une véritable imprévoyance, car vous allez l'utiliser presque deux fois plus que votre driver. Il est donc logique d'investir un peu de temps et d'argent pour trouver un modèle que vous utiliserez en toute confiance et qui sera adapté à votre style de putt.

Les putters présentent une grande variété d'options en ce qui concerne la longueur de la crosse et les angles de positionnement de la tête. Vous devez prendre le temps d'essayer avant d'acheter. Un putter qui vous inspire confiance lorsque vous le tenez entre les mains et que vous fixez votre attention sur la balle vaut son poids en or. Choisissez donc une marque et un modèle capables de vous inspirer des sentiments positifs.

VÉRIFIEZ LE RÉGLAGE DE VOS CLUBS

Vérifiez régulièrement vos grips. S'ils sont usés et lisses, remplacez-les immédiatement. Le golfeur qui joue une ou deux fois par semaine doit changer ses grips au moins au début de chaque saison. Les grips glissants induisent des swings approximatifs et une perte de contrôle sur la frappe de la balle.

Vérifiez les angles des têtes de vos clubs une fois par an, notamment les angles requis pour le jeu en chandelle (« loft »). L'angle de la face du club pour le jeu en chandelle et l'angle de la tête posée sur le sol peuvent changer au cours d'une saison, particulièrement si vous jouez fréquemment. Demandez à un ajusteur de clubs de vérifier votre matériel au début de chaque année, pour être sûr de la fiabilité de votre équipement.

Trouvez le manche approprié à votre swing. Si vos crosses sont trop flexibles par rapport à la vitesse de votre swing, vous aurez du mal à contrôler la balle. Selon toute probabilité, vous accumulerez alors les tirs à côté et les ratés. Si vos clubs sont trop rigides par rapport à la vitesse de votre swing, vous devrez lutter pour produire la puissance désirée, tout en vous efforçant d'ajuster la face du club pour l'impact. Vous ferez probablement un slice ou enverrez la balle sur votre droite.

UTILISEZ UNE MÊME MARQUE DE BALLE POUR UNE CONSTANCE OPTIMALE

Si vous fouillez le sac d'un golfeur amateur type, vous trouverez sans doute de vieilles balles et d'autres toutes neuves, ainsi que des balles endommagées, toutes de marques et de fabrications différentes.

Il est recommandé de prendre le temps de tester différents types de balles de golf. Il vous faut trouver la balle avec laquelle vous jouerez le plus confortablement possible. Il peut y avoir une différence énorme de rendement entre une balle faite exclusivement pour la distance et une autre plus réceptive et plus adaptée au toucher précis.

Si vous jouez avec la même marque de balle sur une longue période, vous améliorerez votre toucher. Vous saurez comment la balle réagit au moment de l'impact avec la face de votre club, lors de n'importe quel coup. Cela est particulièrement important sur et autour des greens, lorsque l'évaluation de la vitesse est cruciale.

La gestion du parcours

Presque toutes les parties de golf entre amateurs sont caractérisées par des erreurs tout à fait évitables. Des fautes simples s'accumulent. Par exemple : essayer de lober un bunker au lieu de jouer sans risque à côté, utiliser un club inapproprié, ne pas tenir compte des effets du vent, exécuter des coups trop risqués. Vous seriez stupéfait du nombre de coups que vous économiseriez en éliminant de votre jeu de telles erreurs.

Une bonne gestion du parcours signifie jouer selon vos forces, connaître vos limites et résister à la tentation d'effectuer des coups de poker. En d'autres termes, vous devez appendre à vous positionner sur le terrain de golf de la manière la plus raisonnable, en maintenant la balle en jeu et en évitant les problèmes.

Pour vous prouver que la gestion du parcours améliorera vite vos scores, je vous propose de tenter cette expérience. Jouez une partie avec deux balles de golf. Jouez votre jeu normal avec la première. Mais avec la seconde, prenez le temps de réfléchir attentivement à votre stratégie. Développez un plan qui vous permettra de jouer chaque trou de la manière la plus raisonnable. Si vous avez un problème, essayez surtout de ramener sans risque la balle dans le jeu du premier coup. Vous n'aurez sans doute pas le même niveau de satisfaction personnelle en jouant la deuxième balle, mais vous serez heureux de comptabiliser les scores à la fin de la partie.

CONNAISSEZ LES DISTANCES QUE VOUS RÉALISEZ AVEC CHAQUE CLUB

C'est le premier pas vers l'amélioration de votre gestion du parcours de golf. Savoir à quelle distance vous lancez la balle avec chaque club est primordial. Cela déterminera votre stratégie à chaque coup. Sinon, votre choix du club restera une devinette ou un coup de poker.

Ne laissez pas votre imagination ou votre orgueil évaluer votre distance de tir. La plupart des golfeurs amateurs disent qu'ils peuvent atteindre 135 mètres avec leur fer 7. Mais lorsque l'on sait que Nick Price atteint seulement 142 mètres, il paraît très improbable que le golfeur moyen ne soit qu'à 5 mètres de lui. En fait, la plupart des amateurs sont plus proches des 118 mètres avec leur fer 7. En tout cas, mieux vaut vérifier. Voici comment enregistrer vos distances.

Emmenez dix balles sur l'aire d'entraînement. Après les avoir toutes frappées, marchez jusqu'au bout du terrain, idéalement en déroulant un ruban de mesure. Ignorez les deux meilleurs et les deux plus mauvais tirs. Mesurez les distances des six autres

balles. Faites la moyenne. Que vous soyez content ou non, c'est votre distance avec ce club. Répétez l'exercice avec chacun de vos clubs se trouvant dans votre sac. Vous ferez là l'une des sessions d'entraînement les plus productives.

DÉCOUVREZ VOTRE COUP TYPE ET IDENTIFIEZ VOS FAIBLESSES

Vous n'avez pas besoin d'être un grand théoricien du golf pour devenir un joueur avec un handicap à un chiffre. Dans bien des cas, il vous suffira d'avoir un swing bien rodé, sur lequel vous pourrez compter pour effectuer des coups réguliers. Vous pourrez maintenir la balle en jeu et éviter les problèmes.

Pour devenir un golfeur avec un petit handicap, vous aurez besoin de développer un coup type. Ainsi, vous y aurez recours dans n'importe quelle situation de pression. En même temps, il serait bon que vous soyez conscient des défauts de votre swing. Même les meilleurs golfeurs ont certaines petites manies qui, quelle que soit leur assiduité, reviennent les hanter régulièrement.

Étudiez votre talon d'Achille pour en connaître exactement les conséquences, la façon dont il affecte votre jeu. Parfois, il surtout éviter les scores désastreux. Cela est particulièrement important lorsque vous avez tendance à avoir besoin de deux ou trois coups pour entrer dans un trou, en raison d'une préparation insuffisante ou d'un mauvais calcul.

La clé pour réduire vos scores est d'adopter le principe selon lequel, si vous ne pouvez pas effectuer un par, votre plus mauvais score pour n'importe quel trou ne devra être qu'un bogey. Colin Montgomerie dit souvent que les bogeys s'accumulent lentement sur les tableaux d'affichage, alors que les doubles et les triples s'additionnent très vite. Et il a parfaitement raison !

vous sera difficile de le déceler, surtout lorsque votre jeu sera en baisse, mais votre aptitude à diagnostiquer la cause de vos mauvais coups sera un atout d'une valeur inestimable.

LE BOGEY DOIT ÊTRE VOTRE PIRE SCORE SUR N'IMPORTE QUEL TROU

Limiter la casse est primordial lorsqu'on veut devenir un golfeur à petit handicap. Comme je l'ai déjà dit, vous n'avez pas à être parfait pour parvenir à un bon niveau. Il vous faut

Cela ne veut pas dire que vous devez accepter de rater un coup à chaque fois que vous vous trouvez en difficulté sur le terrain, mais au contraire que vous ne devez pas accumuler les erreurs. En d'autres termes, vous devriez toujours opter pour le moindre risque.

SOUS PRESSION, UTILISEZ VOTRE CLUB FAVORI

Lors de chaque partie, vous aurez sans doute à jouer un coup sous pression, normalement après le départ du tee, lorsque

vous devrez trouver le fairway ou toucher le green. Dans ce type de situation, vous serez bien inspiré de restaurer votre confiance en utilisant votre club favori. Vous serez ainsi plus sûr de vous lorsque vous vous positionnerez sur la balle, et vous arriverez notamment à vaincre la tension nerveuse généralement présente devant le premier tee. Au lieu d'effectuer le coup avec votre driver, pourquoi ne pas le tenter avec votre fer 4, fer 5 ou même votre fer 7 ? Mieux vaut atteindre 135 mètres en plein milieu du fairway que d'être à 165 mètres parmi les arbres.

FACE À L'OBSTACLE, NE VOUS FIEZ PAS À VOTRE MEILLEUR COUP

À chaque fois qu'il y a une pièce d'eau ou tout autre obstacle devant le green, vous avez deux options : jouer court ou au-dessus de l'obstacle. Quelle que soit la décision que vous prendrez, il est crucial de connaître à quelles distances commence et finit l'obstacle. Cela peut paraître évident, et pourtant, beaucoup de golfeurs prennent leur décision sans avoir aucune idée de ces distances. Si vous décidez de jouer court, assurez-vous que vous n'allez pas mettre la balle au bord de l'eau. Cela ne pourrait qu'accroître la pression sur vos épaules. Si vous optez pour la deuxième solution, ne vous fiez pas à votre meilleur coup, faites toujours un coup confortable, facile à réaliser avec le club choisi.

MAINTENEZ LA BALLE AUTOUR DU GREEN QUAND C'EST POSSIBLE

Les amateurs tentent parfois des coups difficiles, alors même qu'un coup direct plus facile ferait tout aussi bien l'affaire. Et c'est lors d'un chip, aux alentours du green que c'est le plus important. S'il n'y a pas d'obstacle, comme une herbe haute, aucun fossé, pas de terrain bosselé entre votre balle et le trou, cela ne sert strictement à rien de lober la balle très haut. L'équation fondamentale à garder en tête est la suivante : « Moins de loft = moins de poignet = moins de possibilité d'erreur. »

PARVENEZ À HAUTEUR DU GREEN POUR PUTTER SANS PRESSION

Pourquoi est-il si important de connaître la distance que vous pouvez réaliser avec chacun de vos clubs ? C'est surtout parce que cela vous permet de lancer la balle au niveau même du green par vos tirs d'approche. Si vous pouvez placer la balle au même niveau que le trou, un tir qui sera hors ligne de 9 mètres ne sera qu'à 900 centimètres du trou. Cela vous laissera une chance raisonnable de putter dans le trou. Si votre tir d'approche est à 9 mètres hors ligne et trop court d'autant, il est très probable que votre balle sera hors du green, et vous devrez envisager un chip ou un pitch.

PUTTEZ À LONGUE DISTANCE SANS PRESSION

Quand vous puttez à une distance moyenne à longue, ne visez pas le trou. La plupart des golfeurs font trop souvent trois putts pour entrer dans le trou. Vous pouvez diminuer une bonne partie de la pression dans ce genre de situation en visualisant une zone circulaire d'environ 45 centimètres de diamètre autour du trou, à l'intérieur de laquelle vous devez faire rouler la balle.

CONSEIL

SUIVEZ UN TOURNOI DE GOLF À LA TÉLÉVISION

Pour mieux comprendre comment vous devriez jouer, suivez un tournoi à la télévision. Observez avec attention la manière dont les joueurs organisent leur mouvement sur le terrain. Voyez comment ils restent réguliers, malgré le stress, et comment ils s'en sortent lorsqu'ils rencontrent des problèmes.

COMMENT CONCLURE SUR LES GREENS

Il se passe beaucoup de choses dans votre tête lorsque vous avez effectué un putt d'approche médiocre, à une distance de plus de 1 mètre du trou. Mais vous pouvez éviter de rater plusieurs putts simplement en adoptant une attitude mentale positive et en vous concentrant sur votre préparation habituelle. Il faut toujours préparer attentivement le putt et lui consacrer tout le soin qu'il mérite.

Comment vous entraîner efficacement

Avec seulement dix semaines pour devenir un golfeur avec un handicap à un chiffre, vous aurez besoin de consacrer beaucoup de temps à votre golf. Cela signifie, inévitablement, que vous devrez réserver du temps pour un entraînement régulier.

Dans la deuxième partie de ce livre, je vous indiquerai les exercices pratiques qui vous permettront de cibler vos faiblesses et d'améliorer tous les aspects de votre swing, du jeu long, du jeu court et du putting. Dans la plupart des cas, vous aurez un certain nombre d'exercices à exécuter pour pouvoir rapidement intégrer les nouvelles techniques à votre jeu. Cependant, afin de consolider vos progrès dès la fin du programme et même avant, de façon à accélérer votre progression durant les dix semaines, vous devrez apprendre à vous entraîner efficacement.

Pour la plupart des golfeurs, l'entraînement consiste à frapper des balles, mais cela n'est qu'un exercice. Afin que votre entraînement porte des fruits, vous devrez vous fixer un objectif pour chaque session.

RENTABILISEZ VOTRE PRATIQUE QUOTIDIENNE

Comme vos objectifs, plus votre programme d'entraînement sera détaillé et structuré, mieux ce sera. Durant votre plan de dix semaines, vous allez devoir travailler sur au moins un aspect de votre jeu chaque jour. Je vous recommande de choisir une heure précise pour effectuer votre entraînement, de la noter sur votre agenda et de vous y tenir chaque jour. Le meilleur moment se situe peut-être juste après votre journée de travail, car il vous sera difficile de trouver le courage de ressortir si vous rentrez d'abord chez vous.

LA QUALITÉ L'EMPORTE SUR LA QUANTITÉ

Nous savons tous combien il est tentant de prendre un driver et de commencer à frapper des balles sur l'aire d'entraînement. Mais, le plus souvent, taper des balles au loin, sans prendre la peine de viser, ne profite pas beaucoup à votre jeu. Votre temps est sans doute très précieux, et vous ne devez pas le gaspiller sur l'aire d'entraînement. Vous devez donc rechercher une efficacité optimale.

La prochaine fois que vous vous rendrez sur l'aire d'entraînement, au lieu d'opter pour le gros panier de balles, choisissez celui de taille moyenne. Et faites-le durer aussi longtemps que le plus gros panier ! Prenez votre temps à chaque coup. Concentrez-vous sur chaque frappe de balle, sur le swing ou la trajectoire du tir.

NE LAISSEZ PAS LES MAUVAIS TIRS VOUS DISTRAIRE DU BUT DE VOTRE ENTRAÎNEMENT

Vous devez vous concentrer sur chacune de vos actions, qui doivent avoir un but précis. Quand vous ratez un tir, ne focalisez pas votre esprit dessus et intéressez-vous au prochain coup. Rapelez-vous que le but de l'entraînement n'est pas nécessairement d'effectuer de bons coups. Souvent, vous ne frapperez pas la balle aussi bien que vous le voudriez, notamment lorsque vous toucherez à vos bases ou quand vous tenterez d'introduire un nouveau mouvement ou feeling dans votre swing. À ce stade, ce n'est guère important. Si nécessaire, revenez à votre ancien swing, pour produire des coups acceptables. Par exemple, si le but de votre séance d'entraînement est d'améliorer l'action du poignet dans votre backswing, cela doit être votre priorité, même si la frappe de balle n'est pas parfaite.

PASSEZ PLUS DE TEMPS À PRATIQUER VOTRE JEU COURT

Les meilleurs professionnels passent autant de temps à chipper et à putter autour des greens qu'à perfectionner leur jeu long sur l'aire d'entraînement. Ils savent que c'est la qualité de leur jeu court qui leur permettra de réaliser un score vraiment bas, et ce, quelle que soit leur réussite entre le tee et le green.

Compte tenu de la multiplicité de coups qui peuvent être réalisés sur le green, vous devriez passer autant de temps à affiner vos techniques de chipping et de pitching, votre toucher et votre feeling du jeu, que vous en passez à pratiquer votre swing et votre jeu long.

UTILISEZ LE TEMPS D'ENTRAÎNEMENT POUR DÉVELOPPER SÉQUENCES ET TECHNIQUES

Mettez à profit votre temps d'entraînement pour créer et affiner la séquence précédant les frappes de balle. Vous pourrez ainsi améliorer la consistance de votre jeu. Il n'est pas nécessaire, sur l'aire d'entraînement, d'exécuter toute la séquence avant chaque frappe. Toutefois, vous seriez bien inspiré de passer 20 % de votre temps à étoffer et à perfectionner les phases préparatoires.

De nombreux grands golfeurs frappent dix balles lorsqu'ils travaillent sur un aspect ou un mouvement de swing spécifique. Ils exécutent ensuite trois ou quatre frappes en respectant scrupuleusement les phases préparatoires, puis ils reviennent frapper des balles et se concentrent sur un autre aspect spécifique du swing. Plus vous vous roderez au cours de l'entraînement, et plus vos préparations et vos gestes techniques deviendront des réflexes sur le parcours de golf.

ÊTRE EN FORME POUR LE GOLF

Les golfeurs professionnels sont astreints à entretenir leur forme, qui constitue un aspect de plus en plus important de ce sport. Combien de fois, au bord de l'épuisement, avez-vous peiné pour sauver votre jeu aux derniers trous d'une partie ? Veillez donc à entretenir votre condition physique par des exercices réguliers de gymnastique. Je ne soulignerai jamais assez à quel point une bonne forme bénéficiera à votre jeu.

Ayez toujours des aliments énergétiques et de l'eau dans votre sac de golf

Les en-cas sucrés comme le chocolat et les biscuits peuvent instantanément élever votre niveau d'énergie. Cependant, leurs effets diminuent rapidement, et ils peuvent, éventuellement, vous donner une impression de lourdeur. La plupart des grands golfeurs et joueurs de tennis leur préfèrent les fruits, les bananes en particulier. Les hydrates de carbone et les sucres naturels contenus dans les fruits sont absorbés plus lentement par l'organisme ; l'énergie dure donc plus longtemps.

Il est aussi conseillé d'avoir dans son sac de golf une bouteille d'eau. La déshydratation est une des causes principales de défaillance technique. Elle affecte le sportif bien avant qu'il n'en constate les symptômes. Boire de l'eau pendant toute la partie vous permet de maintenir votre concentration et votre aptitude à réfléchir clairement. Les boissons gazeuses peuvent étancher votre soif, mais elles préviennent moins bien la déshydratation et provoquent des ballonnements, aussi sont-elles déconseillées.

Durant cette période de dix semaines, remplacez donc votre tablette de chocolat et votre boisson gazeuse par deux bananes, une pomme et une bouteille d'eau et/ou une boisson énergétique. Vous ne prendrez pas de poids, vous aurez meilleure mine et vous vous sentirez en meilleure santé.

DEUXIÈME PARTIE

PROGRAMME DE DIX SEMAINES

Pendant l'application du plan de dix semaines qui va suivre, vous travaillerez et vous développerez tous les éléments-clés de votre jeu. Après une révision complète des principes fondamentaux, vous perfectionnerez votre apprentissage du mouvement du swing. Puis, vous vous attarderez sur les aspects du jeu qui vous permettront, immédiatement et concrètement, d'améliorer votre score. C'est pour cette raison que plusieurs techniques de putting et de jeu court sont abordées très tôt dans le programme. Car c'est sur et autour des greens que vous progresserez très rapidement.

Chaque semaine du programme se concentre sur un aspect du jeu. Après une explication des techniques de base, il vous sera demandé d'exécuter une sélection d'exercices pratiques s'y rapportant. Ces exercices se trouvent dans la troisième partie. Ils ont été spécialement choisis pour accélérer votre progression en vous inculquant les sensations et les mouvements appropriés. Il faut pratiquer ces exercices au minimum autant de fois que demandé, mais en faire un peu plus ne vous fera pas de mal ! Toutefois, vous ne devez pas perdre de vue que c'est toujours la qualité de votre entraînement, et pas toujours la quantité, qui déterminera la rapidité de vos progrès.

PROGRAMME DE DIX SEMAINES

La colonne « analyse de performance » du tableau ci-dessous est la base de votre plan de dix semaines. Elle vous indique le niveau de performance à atteindre dans chacun des compartiments du jeu, enregistre les étapes de votre progression et vous aide à identifier vos faiblesses. En notant soigneusement vos résultats, vous identifierez les problèmes et pourrez mieux cibler votre entraînement.

Faites des photocopies et notez vos résultats dans la partie droite du tableau à chaque parcours. Comparez-les au niveau recommandé. Identifiez les problèmes, puis procédez aux exercices appropriés. Tout en pratiquant les exercices quotidiens prévus dans le plan de dix semaines, vous devez travailler plus particulièrement les exercices qui correspondent à vos faiblesses spécifiques.

ANALYSE DE PERFORMANCE

CATÉGORIE	OBJECTIF	PAGE(S)
Drives sur 180 mètres	70 %	70-75, 77, 78, 86-87
Atterrissages sur le fairway	60 %	70-75, 76-83, 86-87
Greens en régulation total	11/18	70-75
Greens en régulation – par 3	75 %	80-85, 120
Greens en régulation – par 4	60 %	80-87, 122
Greens en régulation – par 5	80 %	80-85, 124
Putts – total par partie	32	104-111
Trois putts sur trous longs	1	104-111
Trois putts sur trous courts	0	110-111
Putts d'approche sans rentrer dans le trou	1	104-109
Putts courts ratés (moins de 1 mètre)	1	110-111
Coups d'approche en manquant le green	2	70-85
Sorties de sable, bunkers	30 %	100-103
Chips hauts et bas	60 %	96-99
Total coups pitchés 35-55 mètres	6	70-87
Hauts et bas 35-65 mètres	40 %	92-103, 110-111
Erreurs de gestion du parcours	0	112-125

VOS RÉSULTATS

PARTIE : DATE : PARCOURS DE GOLF :

À UTILISER POUR CHAQUE TROU

Fairway touché
OUI/NON/PAS APPLICABLE

Green en régulation OUI/NON

Tir d'approche départ tee en manquant le green OUI/NON

Chip – haut et bas
OUI/NON/PAS APPLICABLE

Chip à 1,50 mètres et putt dans le trou
OUI/NON/PAS APPLICABLE

Chip à 1,50 mètres et putt raté
OUI/NON/PAS APPLICABLE

Sortie de sable en deux temps
OUI/NON/PAS APPLICABLE

Sortie de sable en trois temps
OUI/NON/PAS APPLICABLE

Nombre total de putts

Trois putts OUI/NON

Trois putts sur trou long
OUI/NON/PAS APPLICABLE

Trois putts sur trou court
OUI/NON/PAS APPLICABLE

Putt d'approche sans rentrer dans le trou
OUI/NON/PAS APPLICABLE

Putt dans le trou à 3 mètres
OUI/NON/PAS APPLICABLE

Putt dans le trou à 3-6 mètres OUI/NON

Putt manqué à courte distance OUI/NON

Pitch joué OUI/NON

Pitch en deux temps
OUI/NON/PAS APPLICABLE

Pitch en trois temps
OUI/NON/PAS APPLICABLE

PERFORMANCE GLOBALE

Total pour 18 trous :

Touches du fairway :

Greens en régulation :

Total putts :

Tirs d'approche manquant le green :

Total coups en trois putts :

Total hauts et bas :

Récupérations dans le sable :

Récupérations de pitch :

Putts rapprochés manqués :

NOTES

APPRÉCIATION GLOBALE

Drive : bon. Fer : jeu moyen, mais putting en progrès. Moins de bunkers touchés, mais ai dû employer plus de chipps.

POINT FORT DE LA PARTIE

Ai réalisé un coup au départ du tee dans le difficile par 3 du 12e trou jusqu'à moins de 1 mètre.

SEMAINE 1

Tout sur la visée

La première semaine de votre programme sera entièrement consacrée au positionnement. Les techniques et les exercices d'entraînement traités au cours de ce plan de dix semaines partent du principe que vous avez une connaissance approfondie des principes fondamentaux du jeu. Mais ce n'est que lorsque vous avez un bon positionnement que vous pouvez commencer à progresser. La grande majorité des fautes relatives au swing sont dues à une mauvaise visée.

VOTRE PREMIÈRE SEMAINE

Votre première semaine est la clé de ce programme. La manière dont vous l'aborderez conditionnera le plan tout entier. C'est d'elle que dépendra le rythme auquel vous progresserez durant les prochains mois. Passez autant de temps que vous le pourrez à travailler tous les aspects de votre positionnement. Ainsi, vous optimiserez l'efficacité des exercices inclus dans le programme.

PRATIQUE STRUCTURÉE

La première semaine du plan vous permettra de développer les bases fondamentales d'un swing solide et régulier. Vous commencerez par adopter un grip correct, puis vous devrez acquérir une posture athlétique et un bon alignement. Vous apprendrez aussi la distance correcte et la position de la balle en fonction de chaque club. La semaine d'entraînement se terminera par l'apprentissage des préparatifs d'une frappe, afin que vous puissiez faire le lien entre tous les éléments de votre positionnement pour réaliser un mouvement continu.

Il est indispensable que vous vous entraîniez régulièrement et que vous répétiez inlassablement la phase préparatoire, de manière à adopter à chaque fois, presque de façon inconsciente, le positionnement correct pour optimiser l'efficacité et le résultat.

PRATIQUE PERSONNALISÉE

En plus de l'entraînement et des exercices quotidiens, vous pourrez cibler des faiblesses dans d'autres compartiments de votre jeu. Pour cela, vous utiliserez le tableau d'analyse de performance de la page 26. Vérifiez vos résultats dans les secteurs-clés du jeu. Comparez-les avec le niveau recommandé dans le tableau.

LES PRIORITÉS DE CETTE SEMAINE

Lundi	**Acquérir un grip neutre**
Mardi	**Posture**
Mercredi	**Posture du corps et position de la balle**
Jeudi	**Alignement**
Vendredi	**Préparation de la visée**
Week-end	**Phase préparatoire**

L'OBJECTIF DE LA SEMAINE

Votre objectif cette semaine est de faire en sorte que votre positionnement et votre préparation avant la frappe de la balle deviennent automatiques et qu'ils génèrent un mouvement en continu plutôt qu'une succession de positions. Bien que votre attention doive se focaliser sur ces automatismes de la visée durant la première semaine, vous devez trouver du temps chaque semaine pour pratiquer l'enchaînement correct des mouvements. La plupart des défauts du swing sont dus à une anomalie au moment de la visée.

1 2 3 4 5 6 7 8 9 10

lundi

ADOPTEZ UN GRIP NEUTRE

La façon dont vous tenez le club détermine votre niveau de jeu. À moins que vous n'ayez suivi les cours d'un instructeur qualifié, il est probable que votre grip a des défauts. Si tel est le cas, il est presque certain que vous allez compenser un mauvais grip dans votre swing, ce qui sera source d'irrégularité. Un bon grip ne garantit pas à lui seul un bon swing. Mais il optimise vos chances d'un impact à angle droit de la face du club sur la balle, avec une frappe puissante.

LEÇON DU JOUR

Si votre grip habituel n'est pas satisfaisant, vous vous sentirez gêné en essayant de tenir correctement le club. Du coup, vos résultats seront médiocres, entamant votre confiance et votre tempo. Il en sera ainsi jusqu'à ce votre corps s'habitue aux changements nécessaires. Il est essentiel que vous vous astreignez à ces modifications et que vous pratiquiez votre nouveau grip le plus souvent possible.

À FAIRE

1. Emmenez vos clubs chez un ajusteur spécialisé. Faites vérifier l'angle existant entre la crosse et la tête.
2. Jouez une partie complète de golf. Notez vos résultats et comparez vos performances actuelles avec celles du tableau d'analyse de performance.

EXERCICES PRATIQUES

Grip exercice 1 – 20 fois (page 70)
Grip exercice 2 – 10 fois (page 71)
Grip exercice 3 – 10 fois (page 71)
Grip exercice 4 – Autant de fois que possible (page 72)

mardi

PERFECTIONNEZ VOTRE POSTURE

Une bonne posture est importante en golf : l'angle entre le bas de votre colonne vertébrale et vos jambes déterminera la forme et le plan de votre swing, ainsi que votre capacité à faire ressort avec vos épaules pour produire de la puissance.

LEÇON DU JOUR

Avant tout, vous devez garder votre colonne vertébrale la plus droite possible. Cela donnera à la partie supérieure de votre corps un axe fixe autour duquel elle pourra effectuer un mouvement de rotation vers l'arrière, puis vers l'avant. Vous lutterez pour gagner en puissance si votre dos est voûté et si vos épaules sont tombantes. La posture doit constituer une position de départ favorable à votre swing.

À FAIRE

Vérifiez votre positionnement et votre posture devant un miroir. Comparez-les avec ceux d'un grand joueur au physique similaire (consultez un magazine).

EXERCICES PRATIQUES

Posture exercice 1 – 20 fois (page 76)
Posture exercice 2 – 10 fois avec chaque club (page 77)
Posture exercice 3 – Répétez régulièrement pour vérifier la qualité de la posture (page 77)
Grip exercice 1 – 20 fois (page 70)
Grip exercice 3 – 10 fois (page 71)
Grip exercice 4 – Autant de fois que possible (page 72)

mercredi

POSTURE DU CORPS ET POSITION DE LA BALLE

De nombreux amateurs commettent l'erreur de conserver, pour chaque coup, la même posture et le même positionnement de balle, qu'il s'agisse d'exécuter un drive ou de réaliser un pitch.

LEÇON DU JOUR

Vous devez adopter une posture plus écartée pour soutenir un swing plus rapide, frappé avec un driver ou un bois de fairway. Vous devez également jouer la balle plus en avant par rapport à vous, afin de l'attaquer de façon plus légère. D'un autre côté, le stance doit être réduit lorsque vous utilisez des fers plus courts. La balle doit être jouée à peu près au centre de l'écartement entre vos jambes, pour faciliter une attaque plus profonde.

À FAIRE

Achetez une douzaine de balles de golf. Demandez à un professionnel ou au vendeur de vous conseiller sur le type et la marque correspondant à votre jeu. Conservez le même type de balle pendant le plan de dix semaines.

EXERCICES PRATIQUES

Position de la balle exercice 1 – 10 fois (page 78)
Position de la balle exercice 2 – 10 fois (page 79)
Position de la balle exercice 3 – 20 fois (page 79)
Posture exercice 1 – 20 fois (page 76)
Posture exercice 3 – Répétez régulièrement pour vérifier la qualité de la posture (page 77)
Grip exercice 1 – 20 fois (page 70)
Grip exercice 3 – 10 fois (page 71)
Grip exercice 4 – Autant de fois que possible (page 72)

jeudi

UN BON ALIGNEMENT

Un bon alignement est une des clés du succès au golf. Toutefois, de nombreux golfeurs amateurs l'ignorent complètement, et ils se demandent pourquoi leurs tirs ne font pas mouche. Si vous ne prenez pas soin de positionner correctement votre corps, ainsi que la face de votre club par rapport à la cible, vous peinerez à envoyer la balle là où vous voulez.

LEÇON DU JOUR

Viser avec la face de la tête du club est la première étape des préparatifs précédant la frappe. Vous pouvez ensuite utiliser cette face du club comme une référence autour de laquelle vous pouvez positionner correctement vos jambes et votre corps. Rappelez-vous que, pendant que la face du club vise la cible, le reste de votre corps doit s'efforcer de rester à angle droit par rapport au manche du club. Cela s'appelle l'alignement parallèle.

À FAIRE

1. Frappez 50 balles sur l'aire d'entraînement en procédant à l'ensemble des mouvements de visée avant chaque frappe.

2. Regardez un enregistrement vidéo d'un tournoi de golf. Voyez comment les grands professionnels préparent leur frappe de balle, même lorsqu'ils sont sous pression.

EXERCICES PRATIQUES

Alignement exercice 1 – 20 fois (page 74)
Alignement exercice 2 – 20 fois (page 75)
Alignement exercice 3 – À utiliser pour une double vérification de l'alignement (page 75)
Position de la balle exercice 1 – 10 fois (page 78)
Position de la balle exercice 2 – 10 fois (page 79)
Position de la balle exercice 3 – 20 fois (page 79)

DÉVELOPPEZ VOS AUTOMATISMES DE VISÉE

Il est important de développer l'automatisme des mouvements de visée. Vous optimiserez ainsi vos chances d'être, à chaque fois, en position correcte par rapport à la balle. Une bonne séquence préparatoire vous permettra d'adopter toujours la même position, ce qui est primordial pour la régularité de votre frappe de balle.

LEÇON DU JOUR

Améliorez et développez vos automatismes de visée, afin d'attaquer la balle à chaque fois de la même manière.

EXERCICES PRATIQUES

Grip exercice 1 – 10 fois (page 70)
Grip exercice 3 – 10 fois (page 71)
Grip exercice 4 – Autant de fois que possible (page 72)
Séquence avant la frappe 1 – 10 fois (page 72)
Séquence avant la frappe 2 – 10 fois avec chaque club (page 73)
Posture exercice 1 – 10 fois (page 76)
Posture exercice 2 – 10 fois avec chaque club (page 76)
Posture exercice 3 – Répétez régulièrement pour vérifier la qualité de la posture (page 76)
Position de la balle exercice 1 – 5 fois (page 78)
Position de la balle exercice 2 – 5 fois (page 79)
Position de la balle exercice 3 – 5 fois (page 79)
Alignement exercice 1 – 10 fois (page 74)
Alignement exercice 2 – 10 fois (page 75)
Alignement exercice 3 – À utiliser pour contrôler l'alignement si nécessaire (page 75)

DÉVELOPPEZ LA PHASE PRÉPARATOIRE AVANT UN COUP

Maintenant, vous savez quelle est la position qui convient pour bien viser, et vous en avez aussi le feeling. Vous pouvez donc intégrer cette position à vos mouvements automatiques précédant un coup et améliorer votre régularité.

LEÇON DU WEEK-END

Faites de la séquence précédant la visée des automatismes effectués avec aisance. De la visualisation jusqu'au début de votre swing, les mouvements doivent s'effectuer sans à-coup.

À FAIRE

1. Jouez une partie en consignant vos résultats dans les secteurs-clés.
2. Comparez vos résultats avec le tableau de performance et d'analyse pour identifier une éventuelle faiblesse majeure.
3. Frappez 40 balles sur l'aire de drive en effectuant une préparation complète avant chaque coup.

EXERCICES PRATIQUES

Séquence avant la frappe 1 – 15 fois (page 72)
Grip exercice 1 – 10 fois (page 70)
Grip exercice 3 – 10 fois (page 71)
Grip exercice 4 – Répétez régulièrement (page 72)
Posture exercice 1 – 10 fois (page 76)
Posture exercice 2 – 10 fois avec chaque club (page 77)
Posture exercice 3 – Répétez régulièrement (page 77)
Position de la balle exercice 1 – 5 fois (page 78)
Position de la balle exercice 2 – 5 fois (page 79)
Position de la balle exercice 3 – 5 fois (page 79)
Alignement exercice 1 – 10 fois (page 74)
Alignement exercice 2 – 10 fois (page 75)
Alignement exercice 3 – À utiliser pour contrôler l'alignement si nécessaire (page 75)

SEMAINE **2**

Simplifier le swing

À présent, vous connaissez bien les éléments fondamentaux, et vous pouvez commencer à développer votre swing.

VOTRE DEUXIÈME SEMAINE

Votre deuxième semaine se construit sur les fondations de la première semaine du plan. Des défauts de visée plus ou moins importants pouvant subsister, vous aurez peut-être à améliorer vos techniques de base et à répéter votre séquence de visée pour en faire des automatismes et améliorer votre swing.

PRATIQUE STRUCTURÉE

Les mouvements qu'il vous sera demandé d'acquérir durant cette semaine vous permettront de développer les composantes-clés du swing de golf : le pivotement de la partie supérieure du corps, le swing du bras, l'action du poignet et la résistance de la partie inférieure du corps et du genou droit. Vous les combinerez ensuite en un seul mouvement contrôlé et coordonné.

PRATIQUE PERSONNALISÉE

En plus des enchaînements recommandés, vous devriez effectuer les exercices pratiques correspondants préconisés dans le tableau d'analyse de performance de la page 26.

LES PRIORITÉS DE CETTE SEMAINE

Lundi	**Pivotement de la partie supérieure du corps**
Mardi	**Swing des bras**
Mercredi	**Comment et quand faire pivoter le poignet**
Jeudi	**Rôle de la partie inférieure du corps**
Vendredi	**Développer le bon rythme**
Week-end	**Restaurer la spontanéité**

L'OBJECTIF DE LA SEMAINE

Cette semaine, votre objectif est de mieux comprendre les éléments-clés qui se combinent pour former un swing de golf solide et automatique. Il faudra les coordonner en un mouvement qui s'effectue librement et sans aucun blocage.

lundi

RÉUSSISSEZ LE MOUVEMENT DE RESSORT

Le mouvement de ressort que doit effectuer la partie supérieure du corps est au cœur même du swing. Si la partie supérieure du corps fait correctement un mouvement de rotation autour de l'axe formé par la colonne vertébrale, vous aurez alors toutes les chances de produire de la puissance et de bien frapper la balle.

LEÇON DU JOUR

Mémorisez la sensation associée au mouvement correct de pivotement du corps ; ressentez l'effet produit lorsque la partie supérieure du corps fait ressort autour de l'angle que forme la colonne vertébrale au moment de la visée, en opposition à la résistance de la partie inférieure du corps et, en particulier, du genou et de la cuisse droits.

À FAIRE

1. Exécutez quelques exercices d'étirement pour préparer vos muscles aux exercices pratiques spécifiques du golf.

2. Frappez 30 balles sur l'aire de drive, en procédant à l'enchaînement complet des automatismes précédant chaque tir.

EXERCICES PRATIQUES

Swing exercice 1 – 20 fois (page 80)
Swing exercice 2 – 20 fois (page 81)
Grip exercice 1 – 20 fois (page 70)
Grip exercice 4 – Autant de fois que possible (page 72)
Posture exercice 1 – 20 fois (page 76)

mardi

CRÉEZ DE LA PUISSANCE AVEC VOS BRAS

Vos bras créent de l'ampleur, de la puissance et ont un effet de levier dans le swing. Les golfeurs amateurs ne réussissent pas à utiliser tout le potentiel des bras. Lorsque votre buste fait ressort en pivotant en arrière, puis revient sur lui-même, vos bras swinguent vers le haut et vers le bas.

LEÇON DU JOUR

Redonnez de la souplesse à votre swing grâce à un mouvement des bras naturel et sans heurt. Ressentez l'impression que vous donnent vos bras quand ils sont au-dessus de votre épaule droite, à l'apogée du swing.

À FAIRE

1. Jouez une partie de golf et notez vos résultats sur les éléments-clés du jeu.

2. Achetez un club raccourci ou un club pour junior, afin d'exercer votre swing à la maison à n'importe quel moment.

EXERCICES PRATIQUES

Swing exercice 3 – 30 fois (page 81)
Swing tempo exercice 2 – 20 fois (page 85)
Swing exercice 1 – 20 fois (page 80)
Swing exercice 2 – 20 fois (page 81)
Entraînement au swing – 20 fois (page 81)
Grip exercice 1 – 20 fois (page 70)
Grip exercice 4 – Autant de fois que possible (page 72)
Posture exercice 1 – 20 fois (page 76)

mercredi

ACTIVATION DE VOS POIGNETS

En même temps que s'effectue le mouvement de swing de vos bras, les poignets sont en mesure de générer davantage de puissance. Un bon mouvement des poignets joue un rôle important ; il consiste à mettre le club sur un plan correct lors du backswing, afin qu'il approche la balle avec un angle et une ligne de visée satisfaisants.

LEÇON DU JOUR

Vous devez associer l'action des poignets avec un meilleur contrôle du swing, mémoriser la sensation générée par un bon mouvement des poignets et reproduire l'ensemble de façon instinctive en l'intégrant dans votre swing.

À FAIRE

Faites beaucoup d'exercices de swing sans la balle. Laissez vos poignets se mouvoir librement lors du backswing et pendant l'enchaînement. Le but est d'obtenir un mouvement de main énergique pendant le swing.

EXERCICES PRATIQUES

Entraînement au swing – 20 fois (page 81)
Swing exercice 3 – 20 fois (page 82)
Swing exercice 4 – 20 fois (page 83)
Exercice sur l'angle du club – 20 fois (page 83)
Grip exercice 3 – 20 fois (page 71)
Grip exercice 4 – Autant de fois que possible (page 72)
Posture exercice 1 – 20 fois (page 76)

jeudi

STABILISATION DU SWING

Comme un générateur a besoin d'une base fixe pour produire de l'énergie, le swing nécessite une stabilité constante. La partie inférieure de votre corps – jambes, hanches et pieds – constitue le support de votre swing et une source de puissance. Si la partie inférieure de votre corps cède durant le backswing, vous serez incapable de faire ressort correctement avec vos épaules et de créer la puissance optimale.

LEÇON DU JOUR

Sentez comment le genou droit reste tendu et résiste au mouvement de ressort du torse pendant le backswing. Pendant que la partie supérieure de votre corps tourne, les bras swinguent, et les poignets se mettent en mouvement. Le genou droit reste tendu et presque immobile.

À FAIRE

Frappez 40 balles sur l'aire d'entraînement, en procédant aux enchaînements automatiques pour la moitié d'entre elles. Avec les 20 autres balles, répétez trois fois n'importe quel exercice de swing recommandé sans balle, avant de frapper pour de vrai.

EXERCICES PRATIQUES

Swing exercice 1 – 20 fois (page 80)
Swing exercice 2 – 20 fois (page 81)
Swing exercice 3 – 30 fois (page 82)
Swing tempo exercice 2 – 20 fois (page 85)
Grip exercice 3 – 20 fois (page 71)
Grip exercice 4 – Autant de fois que possible (page 72)
Posture exercice 1 – 20 fois (page 76)

1

2

3

4

5

6

7

8

9

10

ENCHAÎNEZ LES ÉLÉMENTS DU SWING – DÉVELOPPEZ LE RYTHME

Dès que vous aurez développé tous les éléments du swing, vous pourrez les enchaîner dans un mouvement libre et plein d'aisance. Même si vous avez atteint un niveau technique avancé, votre swing ne sera qu'une série de mouvements non coordonnés si vous ne lui avez pas donné un bon rythme.

LEÇON DU JOUR

Combinez le pivotement du torse, le swing des bras, l'action correcte des poignets et la résistance du bas du corps en un seul mouvement plein d'aisance et bien maîtrisé.

À FAIRE

1. Frappez 50 balles sur l'aire d'entraînement, en effectuant entièrement les enchaînements automatiques préalables à chaque coup pour la moitié des balles. Pour les 25 balles restantes, effectuez, avant chaque frappe, les mouvements suivants : pivotement, action des poignets, swing des bras et résistance de la partie inférieure du corps.

2. Adaptez votre tempo de swing à votre personnalité. Par exemple, Ernie Els, qui est très calme, effectue son swing très lentement. Plus nerveux, Sergio Garcia a un swing fulgurant.

EXERCICES PRATIQUES

Swing exercice 1 – 20 fois (page 80)
Swing exercice 2 – 20 fois (page 81)
Swing exercice 3 – 30 fois (page 81)
Swing tempo exercice 1 – 10 fois (page 84)
Swing tempo exercice 2 – 10 fois (page 85)
Swing tempo exercice 3 – 10 fois (page 85)

RETROUVEZ VOTRE SPONTANÉITÉ

En travaillant votre swing, vous risquez de trop vous focaliser sur le positionnement, jusqu'à trouver difficile d'effectuer un swing bien rythmé tant vous avez la tête bouillonnante de réflexions. Une des clés pour améliorer votre swing est de vous concentrer sur la technique sur l'aire d'entraînement, puis de vous limiter à un seul élément du swing quand vous jouez.

LEÇON DU WEEK-END

Vos automatismes doivent à présent intégrer la visualisation du coup, les préparatifs de visée et le swing de golf. L'enchaînement se termine au moment où la balle est lancée.

À FAIRE

1. Jouez une partie de golf et notez vos résultats sur les points importants du jeu. Comparez-les avec le tableau d'analyse de performance.

2. Frappez 50 balles sur l'aire d'entraînement, en effectuant tout l'enchaînement avant la frappe avec la moitié des balles. Avec les 25 balles restantes, effectuez plusieurs exercices de swing avant chaque frappe de balle et concentrez-vous sur une seule pensée à la fois.

EXERCICES PRATIQUES

Swing exercice 1 – 20 fois (page 80)
Swing exercice 2 – 20 fois (page 81)
Swing exercice 3 – 30 fois (page 81)
Swing tempo exercice 1 – 10 fois (page 84)
Swing tempo exercice 2 – 10 fois (page 85)
Swing tempo exercice 3 – 10 fois (page 85)

SEMAINE **3**

PERFECTIONNEZ VOTRE PUTTING

Votre capacité à mettre dans le trou des putts cruciaux fera progresser votre score. De plus, le fait d'éviter de putter trois fois enlève beaucoup de la pression accumulée lors du jeu long.

OBJECTIF DE LA SEMAINE

Cette semaine, votre objectif est de développer un coup régulier pour votre putting. Cela va vous permettre de frapper la balle fermement à chaque fois, ainsi que d'acquérir des automatismes grâce auxquels vous vous positionnerez par rapport à la balle d'une manière constante.

VOTRE TROISIÈME SEMAINE

Votre troisième semaine sera focalisée sur les qualités que vous devez acquérir pour avoir un putting régulier. Développer votre confiance sur les greens est essentiel à votre succès. Vous devriez continuellement améliorer vos aptitudes dans ce compartiment du jeu.

PRATIQUE STRUCTURÉE

Le bon putting est un enchaînement qui débute dès que vous commencez à examiner le coup. Après une révision du positionnement de visée et du grip, vous apprendrez à lire un green. Vous améliorerez votre coup, votre appréciation des distances, ainsi que votre aptitude à mettre la balle dans le trou à une distance de 1,80 mètres.

PRATIQUE PERSONNALISÉE

En plus des exercices quotidiens recommandés, vous devriez aussi effectuer les exercices correspondants préconisés dans le tableau d'analyse de performance de la page 26. En évitant tout simplement de putter trois fois, vous constaterez une amélioration significative et immédiate de votre score.

LES PRIORITÉS DE CETTE SEMAINE

Lundi	**Positionnement du putting**
Mardi	**La frappe du putting**
Mercredi	**Apprendre à lire le green**
Jeudi	**Contrôler la distance des putts**
Vendredi	**Mettre dans le trou à courte distance**
Week-end	**Coordonner les actions**

1 2 3 4 5 6 7 8 9 10

lundi

LE POSITIONNEMENT DU PUTTING

Bien qu'il n'existe pas de règles strictes lorsqu'il s'agit de putting, mieux vaut jouer de manière très orthodoxe, à moins de pratiquer presque tous les jours. Comme pour le jeu long, une bonne posture permet à vos bras de pendre naturellement, vous donnant le contrôle du mouvement. Placez votre tête juste au-dessus de la balle, et vous verrez mieux la ligne de putt.

LEÇON DU JOUR

Votre objectif du jour est d'adopter une posture athlétique, solide et confortable. Cela permettra à votre tête et à la partie inférieure de votre corps de rester stables lorsque vous effectuerez votre tir.

À FAIRE

1. Vérifiez que la position de votre putter est correcte. Idéalement, il faudrait assez d'espace pour glisser une petite pièce de monnaie entre le sol et le bout de votre putter au moment de la visée.
2. Frappez 40 balles sur l'aire de putting, en effectuant à chaque fois la totalité de la préparation précédant un tir.

EXERCICES PRATIQUES

Putting séquence de visée – 15 fois (page 104)
Putting exercice de posture – 15 fois (page 105)
Technique de putting exercice 2 – 15 fois (page 107)

mardi

LA FRAPPE DU PUTTING

La frappe de balle lors du putting est une action très directe que les amateurs ont tendance à trop compliquer. Le secret est de maintenir la tête et le bas du corps stables, tandis que la face du putter reste près du sol pendant le coup.

LEÇON DU JOUR

Éliminez tous les mouvements inutiles lors de la frappe de balle au putting. Développez une action harmonieuse et répétitive qui vous permette de frapper toujours la balle fermement.

À FAIRE

1. Assurez-vous que votre putter est adapté à votre frappe. Si votre frappe est longue et lente comme celle de Phil Mickelson, un putter à lame vous conviendra mieux. Un putter avec un axe central sera plus efficace en cas de frappe plus brusque et compacte.
2. Jouez une partie entière. Notez vos résultats et comparez votre performance actuelle avec le tableau d'analyse.

EXERCICES PRATIQUES

Putting séquence de visée – 15 fois (page 104)
Putting séquence de frappe – 30 fois (page 105)
Technique de putting exercice 1 – 15 fois (page 106)
Technique de putting exercice 2 – 15 fois (page 107)

mercredi

APPRENEZ À LIRE LES GREENS

La lecture du green consiste à évaluer la nature et la pente du terrain, et à estimer la vitesse à laquelle la balle doit être envoyée. C'est un talent que vous développerez avec le temps. Mais vous pouvez accélérer le processus d'apprentissage par une préparation et une application constantes.

LEÇON DU JOUR

Les gestes précédant le putt doivent devenir des automatismes, pour que vous les fassiez à chaque putt, quelle que soit sa longueur ou son importance.

À FAIRE

❶ Testez vos aptitudes à lire un green en recherchant un putt en pente. Placez un tee au point à partir duquel vous pensez que la balle dévie de sa trajectoire pour se diriger définitivement vers le trou. Puttez à plusieurs reprises vers cette cheville. Contrôlez vos résultats et révisez votre jugement si nécessaire.

❷ Apprenez comment divers putts se comportent en frappant des putts dans les deux sens d'une pente et en observant les différences. Les putts en montée ont moins tendance à dévier que les putts en descente.

EXERCICES PRATIQUES

Lecture des greens exercice 1 – 15 fois (page 107)
Putting séquence de visée – 15 fois (page 104)
Putting séquence de frappe – 20 fois (page 105)
Technique de putting exercice 1 – 15 fois (page 106)
Technique de putting exercice 2 – 10 fois (page 107)

jeudi

CONTRÔLEZ LA DISTANCE

Lorsque vous aurez acquis les bases des coups effectués sur les greens et appris à lire les greens, il vous faudra ajuster votre frappe, en fonction des putts et de leur distance. Le fait de ne pas arriver jusqu'au trou sur un putt à longue distance ajoute beaucoup de pression à votre putting.

LEÇON DU JOUR

La manière la plus efficace de varier la distance à laquelle vous envoyez la balle est soit d'allonger, soit de raccourcir votre frappe au putting, et non pas de frapper la balle plus ou moins fort.

À FAIRE

❶ Frappez 40 balles sur l'aire de putting en effectuant à chaque coup l'enchaînement complet préalable à une frappe de balle.

❷ Développez une frappe plus ferme au putting. Puttez en montée, puis refaites la même frappe pour un putt de même longueur sur terrain plat ; comparez les résultats.

EXERCICES PRATIQUES

Lecture des greens exercice 1 – 15 fois (page 107)
Putting séquence de visée – 15 fois (page 104)
Putting séquence de frappe – 10 fois (page 105)
Technique de putting exercice 1 – 15 fois (page 106)
Technique de putting exercice 2 – 5 fois (page 107)
Putting exercice de feeling 1 – 15 fois (page 108)
Putting exercice de feeling 2 – 15 fois (page 109)
Putting exercice de feeling 3 – 15 fois (page 109)

vendredi

PUTTEZ DANS LE TROU, MÊME SOUS PRESSION

Plusieurs raisons, dont une approche médiocre et un chip effectué sans conviction, peuvent vous amener à réaliser des putts à 1 mètre ou 1,50 mètres pendant une partie. Soit vous les mettez tous dans le trou, et votre score s'améliore en beauté, soit vous les ratez tous, en gaspillant vos coups.

LEÇON DU JOUR

Concentrez-vous sur chaque putt et adoptez une attitude positive et ferme. Utilisez une frappe égale et uniforme lors du mouvement de balancement de votre putting.

À FAIRE

1. Testez la qualité de votre alignement et de votre frappe sur des putts courts en dessinant à la craie une ligne allant de la balle jusqu'au centre du trou. Visez de manière à faire rouler la balle le long de cette ligne. Ajustez votre visée et votre alignement si cela se révèle difficile.

2. Jurez-vous de ne plus jamais abandonner sur un putt trop court. Une bonne frappe de balle lors d'un putt, même si elle n'aboutit pas au fond du trou, vaut mieux que d'essayer une frappe nerveuse et approximative, sans la moindre chance de réussir.

EXERCICES PRATIQUES

Putting séquence de visée – 15 fois (page 104)
Putting séquence de frappe – 10 fois (page 105)
Technique de putting exercice 2 – 5 fois (page 107)
Putts courts exercice 1 – 20 fois (page 110)
Putts courts exercice 2 – 20 fois (page 111)
Putts courts exercice 3 – 10 fois (page 111)

week-end

COORDONNEZ LES ACTIONS

Ayant acquis les éléments de base du putting, vous devez maintenant les coordonner. Un putt efficace est une succession d'actions qui commence avec votre « lecture » du green et finit quand la balle est au fond du trou.

LEÇON DU WEEK-END

Faites en sorte que votre préparation au putt soit naturelle et instinctive. Frappez chaque putt dans la même position et soyez à l'aise sur toutes les distances.

À FAIRE

1. Chronométrez votre lecture du green et consacrez autant de temps à chaque putt.

2. Sur les longs putts, frappez en regardant le trou, afin de mieux apprécier la distance.

3. Jouez une partie de golf, notez vos résultats et comparez votre performance actuelle avec le tableau d'analyse de la page 26.

EXERCICES PRATIQUES

Putting séquence de visée – 15 fois (page 104)
Putting séquence de frappe – 30 fois (page 105)
Technique de putting exercice 1 – 15 fois (page 106)
Lecture des greens exercice 1 – 15 fois (page 107)
Technique de putting exercice 2 – 15 fois (page 107)
Putting exercice de feeling 1 – 15 fois (page 108)
Putting exercice de feeling 2 – 15 fois (page 108)
Putting exercice de feeling 3 – 15 fois (page 106)
Putts courts exercice 1 – 20 fois (page 110)
Putts courts exercice 2 – 20 fois (page 110)
Putts courts exercice 3 – 10 fois (page 110)

SEMAINE **4**

Le chipping

Tous les grands golfeurs du monde savent parfaitement se sortir des alentours du green en deux coups. La technique du chipping est relativement facile à maîtriser. Dès que vous y parviendrez, la qualité de votre jeu court dépendra principalement de votre habilité à visualiser, à juger et à avoir le feeling de la meilleure frappe.

VOTRE QUATRIÈME SEMAINE

Vous apprendrez une technique de chipping vous permettant de frapper la balle à chaque fois de manière propre et nette. Vous pourrez ainsi améliorer votre sens du toucher et vos sensations autour des greens.

PRATIQUE STRUCTURÉE

Cette semaine, le programme pratique vous apprend à viser la balle pour effectuer un chip et à régler correctement le mouvement du club pour un meilleur contrôle, sans oublier votre posture. Vous apprendrez ensuite une technique de chipping. Vous effectuerez des exercices pour améliorer votre appréciation de la distance et votre aptitude à visualiser mentalement la frappe avant de l'effectuer.

PRATIQUE PERSONNALISÉE

En plus des enchaînements quotidiens recommandés, vous devriez faire chaque jour les exercices correspondants préconisés dans le tableau d'analyse de performance de la page 26.

LES PRIORITÉS DE CETTE SEMAINE

Lundi	**Positionnement du chipping**
Mardi	**Technique du chipping**
Mercredi	**Chipping : maîtrise de la distance**
Jeudi	**Améliorer l'imagination**
Vendredi	**Putter dans le trou même sous pression**
Week-end	**Consolidation des activités de la semaine**

L'OBJECTIF DE LA SEMAINE

Votre objectif, cette semaine, est de développer une technique solide de chipping. Vous devez jouer les coups de manière suffisamment efficace pour sortir en deux temps de n'importe quel point autour du green et pour envoyer la balle au fond du trou en trois coups au maximum.

lundi

CHIPPING : LE POSITIONNEMENT

La clé du succès en matière de chipping est le positionnement. En déplaçant votre poids sur le pied avant et en jouant la balle en arrière du centre du stance, il vous sera plus facile de frapper la balle proprement et nettement à chaque fois. Cela réduit donc le risque d'une mauvaise frappe ou de tirs manqués autour du green.

LEÇON DU JOUR

Familiarisez-vous avec la position correcte de visée, afin qu'elle soit confortable et naturelle.

À FAIRE

Suivez un tournoi de golf à la télévision. Voyez comment les meilleurs joueurs essaient de maintenir la balle près du sol partout où c'est possible autour du green.

EXERCICES PRATIQUES

Chipping exercice 1 – 20 fois (page 96)
Chipping exercice 2 – 10 fois (page 97)

mardi

CHIPPING : LA FRAPPE TYPE

La frappe type est à employer sur et autour du green, là où il n'y a pas d'obstacle entre votre balle et le trou. Elle consiste à soulever la balle pour la faire atterrir sur le green, de façon qu'elle puisse rouler jusqu'au trou à la manière d'un putt.

LEÇON DU JOUR

Développez une technique de chipping courte et compacte, vous permettant de contrôler le tir avec vos bras et vos épaules tout en limitant au minimum l'action du poignet.

À FAIRE

1. Pour vérifier que le fait de maintenir la balle près du sol est l'option la moins risquée, tenez-vous juste en dehors de la limite du green. Ensuite, faites rouler trois balles vers le trou. Maintenant, prenez trois autres balles et essayez cette fois de les faire atterrir près du trou en les lançant en l'air. Les trois premières balles vont invariablement être mieux placées.

2. Jouez une partie complète et notez vos résultats. Comparez votre performance avec les niveaux préconisés dans le tableau d'analyse.

EXERCICES PRATIQUES

Chipping exercice 1 – 20 fois (page 96)
Chipping exercice 2 – 10 fois (page 97)
Chipping exercice 3 – 10 fois (page 97)

mercredi

CHOIX DU CLUB

Bon nombre de joueurs ont un club favori qu'ils utilisent pour la majorité de leurs coups lorsque le chipping s'impose. Cependant, il est recommandé d'adapter le club à la frappe en question, à moins que vous ne jouiez tous les jours. Vous pouvez chipper avec n'importe quel club, un fer 4 aussi bien qu'un wedge pour lober.

LEÇON DU JOUR

Comprenez les différents ratios conduite de balle/rouler de balle de chaque club. Par exemple, un fer 4 ne conduit pas loin, mais génère un long rouler de la balle dès que celle-ci touche le green. Avec la même longueur de swing, un wedge pour le sable transportera la balle au même endroit, mais celle-ci s'arrêtera plus vite après l'atterrissage.

À FAIRE

Frappez 40 balles sur l'aire de putting en effectuant toute la préparation à chaque coup.

EXERCICES PRATIQUES

Chipping exercice 1 – 20 fois (page 96)
Chipping exercice 2 – 10 fois (page 97)
Chipping exercice 3 – 10 fois (page 97)
Chipping exercice de feeling 1 – 10 fois (page 98)
Chipping exercice de feeling 2 – 20 fois (page 99)

jeudi

DÉVELOPPEZ VOTRE IMAGINATION

Après la technique et le sens de la distance, une bonne imagination est le troisième ingrédient nécessaire à un jeu percutant et court. En raison du nombre infini de situations dans lesquelles vous pouvez vous retrouver autour d'un green, vous aurez souvent besoin d'improviser pour vous adapter aux nécessités.

LEÇON DU JOUR

Restez confiant lorsque vous improvisez. Cette improvisation peut impliquer un changement dans votre posture, dans la position de votre balle, dans l'angle de la face du club et même dans votre swing, l'objectif étant d'effectuer une grande variété de coups différents.

À FAIRE

1. Réservez deux minutes supplémentaires en fin de session pour vous amuser à effectuer des récupérations de balle aventureuses. Vous saurez ainsi ce qui est possible et ce qui ne l'est pas autour des greens.

2. Arrangez-vous pour exercer votre jeu court avec un ami et mettez-y une petite dose de compétition, afin de recréer la pression d'une situation réelle.

EXERCICES PRATIQUES

Chipping exercice 1 – 20 fois (page 96)
Chipping exercice 2 – 10 fois (page 97)
Chipping exercice 3 – 10 fois (page 97)
Chipping exercice de feeling 1 – 10 fois (page 98)
Chipping exercice de feeling 2 – 20 fois (page 99)
Chipping exercice de feeling 3 – 20 fois (page 99)

POUR METTRE DANS LE TROU ET CONCLURE

Bien que votre but soit de chipper la balle droit dans le trou, vous allez souvent placer celle-ci dans un rayon difficile de 1,20 mètres à 1,50 mètres. Mettre la balle au fond du trou est aussi important que la technique de chipping elle-même.

LEÇON DU JOUR

Concentrez-vous autant pour putter que pour chipper. Apprenez à planifier à l'avance, afin d'obtenir le putt le plus facile à effectuer.

À FAIRE

Frappez 40 balles sur l'aire de putting en effectuant tout l'enchaînement précédant la frappe à chaque coup.

EXERCICES PRATIQUES

Chipping exercice 1 – 20 fois (page 96)
Chipping exercice 2 – 10 fois (page 97)
Chipping exercice 3 – 10 fois (page 97)
Putts courts exercice 1 – 10 fois (page 110)
Putts courts exercice 2 – 10 fois (page 111)

AMÉLIOREZ VOS QUALITÉS EN JEU COURT

Consacrez votre week-end à parfaire votre chipping sur les greens. Pratiquez aussi votre putting à courte distance. C'est un compartiment du jeu qu'il faut améliorer continuellement.

LEÇON DU WEEK-END

Affinez votre chipping et développez votre toucher de balle. Élargissez votre répertoire de coups.

À FAIRE

1. Frappez 40 balles sur l'aire d'entraînement. Respectez tout l'enchaînement précédant chaque coup.
2. Jouez une partie entière de golf. Notez soigneusement vos résultats et comparez votre niveau de performance actuelle au tableau d'analyse.

EXERCICES PRATIQUES

Chipping exercice 1 – 50 fois (page 96)
Chipping exercice 2 – 30 fois (page 97)
Chipping exercice 3 – 20 fois (page 97)
Chipping exercice de feeling 1 – 20 fois (page 98)
Chipping exercice de feeling 2 – 20 fois (page 99)
Chipping exercice de feeling 3 – 20 fois (page 99)
Putts courts exercice 1 – 20 fois (page 110)
Putts courts exercice 2 – 20 fois (page 111)

SEMAINE **5**

Le jeu long

Un jeu court productif peut souvent compenser un drive et une approche approximatifs. Toutefois, l'amélioration de votre jeu long est, sans aucun doute, le moyen le plus rapide d'abaisser votre handicap. Si vous pouvez envoyer la balle avec une bonne précision, à une distance raisonnable du tee, le reste du trou deviendra plus facile, car votre prochain coup sera joué avec un club plus court et plus confortable. Il est certain que vous aurez une meilleure chance d'envoyer la balle sur le green et plus près du trou. L'amélioration de votre jeu longue distance aura en outre un effet dynamique sur le reste de votre jeu.

LES PRIORITÉS DE CETTE SEMAINE

Lundi	**Drive et bois du fairway**
Mardi	**Fers longs et courts**
Mercredi	**Fade**
Jeudi	**Draw**
Vendredi	**Tirs en hauteur et près du sol**
Week-end	**Amélioration de la frappe**

OBJECTIF DE LA SEMAINE

Améliorer votre technique au drive, afin d'atteindre le fairway régulièrement et d'envoyer la balle à environ 180 mètres. Améliorer votre jeu long pour arriver à un taux de réussite de 50 % sur vos tirs d'approche sur le green.

VOTRE CINQUIÈME SEMAINE

Durant cette semaine, vous apprendrez à optimiser votre distance et votre précision à partir du tee, et à améliorer tous les aspects de votre jeu long. Vous apprendrez aussi comment donner une forme à vos tirs et à contrôler leur trajectoire. Vous allez vite comprendre l'utilité particulière de cette aptitude lorsqu'il ventera, ou face à des obstacles comme des arbres ou des buissons qui bloquent votre route vers le green.

PRATIQUE STRUCTURÉE

En commençant par le drive, les exercices à pratiquer cette semaine vous apprennent à changer votre positionnement, afin d'incurver la trajectoire aérienne de la balle ou d'en modifier l'envol.

PRATIQUE PERSONNALISÉE

En plus des exercices journaliers recommandés, vous devriez effectuer les exercices correspondants prescrits dans le tableau d'analyse de performance de la page 2. Variez la forme et la trajectoire de vos tirs.

1 2 3 4 5 6 7 8 9 10

lundi

LE POSITIONNEMENT DU DRIVE

Vous ne pouvez pas éviter quelques défaillances avec vos fers, et le drive amplifiera le moindre défaut dans votre position de visée. Combattez cela en adoptant un stance plus écarté, afin d'avoir une meilleure stabilité. Déplacez un peu plus votre poids sur le côté droit, afin de pouvoir effectuer une rotation complète de l'épaule. Jouez la balle en avant de votre stance, plus ou moins en face de votre cou-de-pied gauche, pour frapper la balle légèrement vers le haut.

LEÇON DU JOUR

Adoptez le positionnement convenant au drive et au bois de fairway. Restez solide et confiant, afin de réussir à driver la balle à partir du tee et de mener à bien des coups sur le green avec des bois de fairway dans des angles différents.

À FAIRE

1. Jouez une partie et notez vos résultats sur les points-clés.
2. Vérifiez le tableau d'analyse de performance pour identifier toute faiblesse majeure.
3. Placez la balle sur le tee à la hauteur correcte, afin que la moitié soit visible au-dessus du driver.

EXERCICES PRATIQUES

Alignement exercice 1 – 10 fois (page 74)
Alignement exercice 2 – 10 fois (page 75)
Posture exercice 1 – 10 fois (page 76)
Posture exercice 2 – 10 fois (page 77)
Position de la balle exercice 1 – 10 fois (page 78)
Positionnement du driver exercice 1 – 10 fois (page 86)
Le swing du driver – 20 fois (page 86)
Positionnement du driver exercice 2 – 10 fois (page 87)

mardi

FERS LONGS ET COURTS

Votre swing doit être le même quel que soit le club que vous utilisez, mais les fers très longs sont plus difficiles à contrôler que les fers très courts. Un tir sec effectué avec un fer est moins facilement dévié par le vent. La balle s'arrêtera dès qu'elle touchera le green.

LEÇON DU JOUR

Concentrez-vous pour effectuer le même swing avec chaque fer et avoir la même confiance avec vos fers longs, vos fers moyens et vos wedges.

À FAIRE

1. Frappez 50 balles sur l'aire de drive, en effectuant tous vos mouvements automatiques de visée avant d'effectuer chaque frappe.
2. Travaillez votre grip à la maison, en suivant les recommandations, jusqu'à ce que vous le trouviez naturel et confortable.
3. Marchez rapidement pendant 15 minutes pour améliorer votre forme.
4. Effectuez les exercices recommandés dans le tableau d'analyse de performance de la page 26.

EXERCICES PRATIQUES

Alignement exercice 1 – 10 fois (page 74)
Alignement exercice 2 – 10 fois (page 75)
Posture exercice 1 – 10 fois (page 76)
Posture exercice 2 – 10 fois (page 77)
Position de la balle exercice 2 – 10 fois (page 79)
Swing exercice 1 – 10 fois (page 80)
Swing exercice 2 – 10 fois (page 81)
Swing exercice 3 – 10 fois (page 82)

mercredi

LE FADE

De nombreux grands golfeurs aiment donner un effet de fade, car cette frappe qui incurve la trajectoire aérienne de la balle de gauche à droite offre un niveau élevé de contrôle et de précision. La balle atterrit en douceur et roule rarement.

LEÇON DU JOUR

Concentrez-vous sur les changements qu'il vous faut apporter à votre positionnement pour dévier la balle de gauche à droite durant son envol. Répétez souvent cette frappe, afin d'être confiant dans votre aptitude à incurver la trajectoire de la balle.

À FAIRE

1. Vérifiez votre positionnement et votre posture devant un miroir, et comparez-les avec ceux d'un grand joueur au physique similaire au vôtre, photographié dans un magazine de golf ou un manuel d'instruction.
2. Effectuez les exercices et les enchaînements préconisés dans le tableau d'analyse de performance.

EXERCICES PRATIQUES

Tirs contrôlés exercice 1 – 30 fois (page 88)
Tirs contrôlés exercice 3 – 30 fois (page 89)
Swing exercice 1 – 10 fois (page 80)
Swing exercice 2 – 10 fois (page 81)
Swing exercice 3 – 10 fois (page 82)

jeudi

LE DRAW

Un effet de draw incurve la trajectoire de la balle de droite à gauche. Un draw peut produire plus de distance qu'un fade, mais il permet moins facilement de contrôler l'effet imprimé à la balle. La plupart des grands joueurs utilisent cette frappe au départ du tee, pour optimiser leur distance ou tirer avantage d'une forte courbe du parcours. Mais elle est également utile pour effectuer un tir d'approche vers un drapeau placé dans le coin arrière gauche d'un green.

LEÇON DU JOUR

Concentrez-vous sur les changements à apporter à votre positionnement, afin de dévier de droite à gauche la trajectoire de la balle ; pratiquez cette frappe jusqu'à ce que vous puissiez incurver la trajectoire avec régularité et à volonté.

À FAIRE

1. Frappez 50 balles sur l'aire de drive, en effectuant les automatismes de visée avant chaque tir et en vous efforçant d'obtenir une trajectoire particulière avec chaque balle.
2. Travaillez votre grip à la maison, en suivant les recommandations, jusqu'à ce que vous le trouviez tout à fait naturel et confortable.
3. Continuez à travailler vos bases et votre positionnement de visée à la maison devant un miroir.
4. Effectuez les exercices et les enchaînements préconisés dans le tableau d'analyse de performance.

EXERCICES PRATIQUES

Tirs contrôlés exercice 2 – 30 fois (page 89)
Tirs contrôlés exercice 3 – 30 fois (page 89)
Swing exercice 1 – 10 fois (page 80)
Swing exercice 2 – 10 fois (page 81)
Swing exercice 3 – 10 fois (page 82)

vendredi

FRAPPES HAUTES ET BASSES

La faculté de faire varier la trajectoire de vos tirs vous aidera à venir à bout des obstacles – tels les arbres et les buissons – qui bloquent votre avancée vers le green. Elle vous aidera aussi à prendre avantage d'un vent favorable ou à réduire les effets d'un vent contraire.

LEÇON DU JOUR

Concentrez-vous sur les changements à apporter à votre position de visée et à votre technique de swing, afin d'envoyer la balle sur une trajectoire élevée ou basse.

À FAIRE

1. Frappez 50 balles sur l'aire de tir, en effectuant la totalité des automatismes de visée avant chaque coup. Alternez les frappes hautes et basses, ainsi que les effets de fade et de draw.
2. Regardez une vidéo de tournoi de golf. Voyez comment les grands professionnels respectent leurs enchaînements précédant la frappe, même en situation de stress important.
3. Pratiquez les exercices et les enchaînements recommandés dans le tableau d'analyse de performance.

EXERCICES PRATIQUES

Trajectoire exercice 1 – 30 fois (page 90)
Trajectoire exercice 2 – 30 fois (page 91)
Trajectoire exercice 3 – 30 fois (page 91)
Swing exercice 1 – 10 fois (page 80)
Swing exercice 2 – 10 fois (page 81)
Swing exercice 3 – 10 fois (page 82)

week-end

AMÉLIORATION DE VOTRE FRAPPE

Nombre de golfeurs amateurs approchent le jeu de manière systématique. Beaucoup n'ont qu'un swing et ne peuvent exécuter qu'un seul type de frappe. Les meilleurs joueurs ont, quant à eux, des options de coups variées. Cette faculté d'adaptation constitue un atout lorsqu'ils ont à faire face à des situations différentes sur un parcours de golf.

LEÇON DU WEEK-END

Développez vos aptitudes de tir pour être aussi à l'aise quand vous visez haut que quand vous visez plus bas, ou lorsque vous donnez des effets de fade et de draw.

À FAIRE

1. Jouez une partie et notez vos résultats sur les aspects-clés du jeu.
2. Comparez vos résultats au tableau d'analyse de performance pour identifier toute faiblesse majeure.
3. Expérimentez différentes postures, positions de balle et divers angles de la face du club au moment de la visée, et étudiez comment chacun de ces éléments affecte la trajectoire de la balle.
4. Visualisez mentalement la frappe de la balle et mettez au point un swing capable de produire la trajectoire désirée.

EXERCICES PRATIQUES

Tirs contrôlés exercice 1 – 30 fois (page 88)
Tirs contrôlés exercice 2 – 30 fois (page 89)
Tirs contrôlés exercice 3 – 30 fois (page 89)
Trajectoire exercice 1 – 30 fois (page 90)
Trajectoire exercice 2 – 30 fois (page 91)
Trajectoire exercice 3 – 30 fois (page 91)
Swing exercice 1 – 10 fois (page 80)
Swing exercice 2 – 10 fois (page 81)
Swing exercice 3 – 10 fois (page 82)

SEMAINE 6

Pitcher et sortir du sable

Pitcher et jouer à partir d'un bunker ne sont pas les aspects les plus cruciaux pour progresser. Mais votre habileté à pitcher la balle et à l'enlever du sable d'un seul coup améliorera beaucoup vos scores. De nombreux coups sont gaspillés dans les 60 mètres du drapeau, simplement parce que le golfeur maîtrise mal cette distance. Il ne lance pas la balle assez loin et dépend d'un autre chip pour parvenir plus près du trou. La même situation s'applique au jeu dans le bunker.

VOTRE SIXIÈME SEMAINE

Votre sixième semaine sera consacrée au pitching vers le green depuis 50 à 60 mètres, ainsi qu'aux aptitudes requises pour récupérer du premier coup une balle ensablée.

PRATIQUE STRUCTURÉE

Les exercices que vous exécuterez cette semaine vous permettront de développer une technique sérieuse de pitching et une méthode pour évaluer la distance. Vous apprendrez aussi les bases du jeu dans un bunker.

LES PRIORITÉS DE CETTE SEMAINE

Lundi	**Pitching : technique de base**
Mardi	**Pitching : évaluation de la distance**
Mercredi	**Bunker : positionnement pour jouer**
Jeudi	**Bunker : le swing**
Vendredi	**Mettre dans le trou**
Week-end	**Révision de la semaine**

OBJECTIF DE LA SEMAINE

Votre objectif cette semaine est, premièrement, de développer une technique régulière de pitching. Vous saurez faire atterrir la balle sur le green dans les 60 mètres. Deuxièmement, vous développerez une technique de jeu dans le bunker pour enlever la balle du sable et atterrir sur le green du premier coup, en vous offrant un putt au prochain coup. Le but est de ne jamais dépasser les trois coups lorsque vous êtes confronté à la nécessité de pitcher ou de jouer dans un bunker.

1
2
3
4
5
6
7
8
9
10

lundi

PITCHING

Le pitching est une version abrégée de votre plus grand swing. Il nécessite quelques modifications mineures de votre positionnement, afin de réduire la distance à laquelle vous frappez la balle. Mais ce mouvement est le même que pour le swing complet. Un bon rythme est la clé d'une frappe régulière.

LEÇON DU JOUR

Votre objectif est de modifier votre position de visée et de développer un pitching harmonieux, une frappe ferme et nette.

À FAIRE

1. Jouez une partie de golf, en notant vos résultats dans les secteurs-clés du jeu.
2. Comparez-les avec le tableau d'analyse de performance pour identifier les faiblesses majeures.

EXERCICES PRATIQUES

Pitching exercice 1 – 20 fois (page 92)
Grip exercice 1 – 10 fois (page 70)
Grip exercice 2 – 10 fois (page 71)
Posture exercice 1 – 20 fois (page 76)
Posture exercice 2 – 20 fois (page 77)
Swing tempo exercice 1 – 10 fois (page 84)
Swing tempo exercice 2 – 10 fois (page 85)

mardi

PITCHING : ÉVALUATION DE LA DISTANCE

Dès que vous avez développé les techniques de base du pitching, vous devez apprendre à contrôler la longueur de votre coup. Une bonne technique de pitching sans contrôle sur la distance ne vaut rien. Vous devez être capable de pitcher la balle en confiance.

LEÇON DU JOUR

Vous devez apprendre à évaluer la distance pour faire correspondre la longueur et la vitesse de votre swing au coup que vous devez effectuer.

À FAIRE

1. Frappez 50 balles sur l'aire d'entraînement, en accomplissant la séquence de visée avant chaque coup.
2. Continuez à travailler vos bases. Concentrez-vous sur votre posture, car il est très facile de perdre l'angle formé par votre colonne vertébrale et de se pencher sur la balle lors du pitching.
3. Regardez la vidéo d'un tournoi de golf. Notez combien de fois un grand joueur rate le green avec un pitch.
4. Notez à quelle distance vous envoyez la balle selon les variations de l'allonge de votre backswing et avec différents clubs lorsque vous pitchez.

EXERCICES PRATIQUES

Pitching exercice 1 – 20 fois (page 92)
Pitching exercice 2 – 20 fois (page 93)
Pitching exercice 3 – 20 fois (page 93)
Pitching exercice 4 – 10 fois (page 94)
Grip exercice 1 – 10 fois (page 70)
Grip exercice 2 – 10 fois (page 71)
Posture exercice 1 – 20 fois (page 76)
Posture exercice 2 – 20 fois (page 77)

mercredi

SORTIE DE BUNKER : POSITIONNEMENT

Même les meilleurs joueurs du monde sortent du sable en deux temps sept fois sur dix. Mais vous devriez arriver à un niveau où vous pourrez tirer la balle du bunker pour la lancer sur le green du premier coup, de façon à vous offrir un putt au coup suivant.

LEÇON DU JOUR

Comprendre les changements à apporter à la position de visée. Répéter la séquence de positionnement, afin qu'elle devienne un automatisme lorsque vous entrez dans un bunker.

À FAIRE

1. Vérifiez que votre wedge pour le sable a une large semelle et qu'il pèse un peu plus que le reste de vos fers. Si tel n'est pas le cas, envisagez de le changer. Le sand-wedge Ping est reconnu comme étant l'un des meilleurs pour les golfeurs amateurs.

2. Entrez dans un bunker et remplissez un gobelet de sable. C'est la quantité de sable que vous devez enlever du bunker lorsque vous jouerez votre coup. Considérez son poids.

EXERCICES PRATIQUES

Bunker séquence de visée 1 – 20 fois (page 100)
Bunker séquence de visée 2 – 20 fois (page 101)

jeudi

SORTIE DE BUNKER : SWING

Après avoir positionné la balle correctement dans le bunker, vous devez swinguer le long de la ligne de votre corps et non pas de la ligne balle/cible. La face du club doit rester ouverte jusqu'à l'impact et glisser sous la balle plutôt que de fouiller le sable en profondeur.

LEÇON DU JOUR

Apprendre la trajectoire correcte du swing et comprendre pourquoi vous devez faire un swing presque complet pour enlever la balle du sable.

À FAIRE

1. Frappez 30 balles sur l'aire de tir, en exécutant une séquence complète de visée avant chaque coup.

2. Ne frappez pas chaque coup dans un angle parfait lors de l'entraînement dans le bunker. Frappez-en quelques-uns dans un mauvais angle pour recréer une situation réelle, comme sur un circuit.

3. Regardez un film vidéo d'un tournoi de golf. Étudiez les techniques de jeu de bunker des meilleurs joueurs. Voyez comment les professionnels exécutent toujours un swing presque complet lorsqu'ils sont dans le sable.

EXERCICES PRATIQUES

Bunker séquence de visée 1 – 20 fois (page 100)
Bunker séquence de visée 2 – 20 fois (page 101)
Bunker exercice 1 – 20 fois (page 102)
Bunker exercice 2 – 20 fois (page 103)

vendredi

METTRE AU TROU AVEC CONVICTION

De même que mettre dans le trou le putt qui suit un chip constitue un point crucial de votre réussite, votre aptitude à rentrer des putts de 1,50 à 2 mètres peut faire une différence considérable au score à la fin d'une partie. À moins d'être un bon joueur dans le bunker, vous aurez constamment à putter à 3 mètres environ pour sauver le par.

LEÇON DU JOUR

Développez la régularité et l'exactitude de vos putts à distances courtes et moyennes.

À FAIRE

1. Frappez 30 balles sur l'aire d'entraînement en effectuant toute la séquence de visée précédant chaque coup.
2. Suivez un tournoi de golf sur vidéo. Voyez comment les professionnels approchent avec confiance les putts courts et comment ils frappent la balle franchement au lieu de la faire louvoyer vers le trou.

EXERCICES PRATIQUES

Bunker séquence de visée 1 – 20 fois (page 100)
Bunker séquence de visée 2 – 20 fois (page 101)
Bunker exercice 1 – 20 fois (page 102)
Bunker exercice 2 – 20 fois (page 103)
Putting séquence de visée – 10 fois (page 104)
Putting séquence de frappe – 15 fois (page 105)
Putts courts exercice 1 – 20 fois (page 110)
Putts courts exercice 2 – 20 fois (page 111)

week-end

PITCHING ET JEU AU BUNKER : RÉVISION

Passez votre week-end à développer et à affiner vos aptitudes au jeu dans le bunker. Cela vous permettra de contrôler en toute confiance la distance de vos tirs de pitching et d'enlever la balle du sable à chaque tentative.

LEÇON DU WEEK-END

Soyez à l'aise dans la pratique de votre technique de jeu au pitching et dans le bunker. Vous devez être capable d'ajuster la longueur et la vitesse de votre swing pour produire des coups sur des distances différentes.

À FAIRE

1. Jouez une partie et notez vos résultats sur les aspects cruciaux.
2. Comparez vos résultats avec le tableau d'analyse de performance, afin d'identifier vos faiblesses principales.
3. Apprenez à effectuer des tirs de pitching avec des clubs différents. Cela vous rendra encore plus diversifié dans vos coups.

EXERCICES PRATIQUES

Pitching exercice 1 – 20 fois (page 92)
Pitching exercice 2 – 20 fois (page 93)
Pitching exercice 3 – 20 fois (page 93)
Pitching exercice 4 – 10 fois (page 94)
Bunker séquence de visée 1 – 20 fois (page 100)
Bunker séquence de visée 2 – 20 fois (page 101)
Bunker séquence de visée 3 – 20 fois (page 101)
Bunker exercice 1 – 20 fois (page 102)
Bunker exercice 2 – 20 fois (page 103)
Putting séquence de visée – 10 fois (page 104)
Putting séquence de frappe – 15 fois (page 105)
Putts courts exercice 1 – 20 fois (page 110)
Putts courts exercice 2 – 20 fois (page 111)

SEMAINE **7**

Révision du jeu court

Ayant maintenant une solide pratique dans tous les compartiments-clés du jeu court, vous devez prendre le temps de travailler tous les éléments ensemble. Le but est d'avoir une maîtrise totale de toutes les aptitudes requises pour sortir avec régularité en deux coups des alentours du green.

VOTRE SEPTIÈME SEMAINE

Tout en faisant les exercices recommandés dans le tableau d'analyse, vous aurez cette semaine à vous concentrer exclusivement sur le jeu court.

PRATIQUE STRUCTURÉE

Les séquences que vous pratiquerez cette semaine vous feront réviser les techniques requises pour jouer les coups de base dans les 50 mètres du green. Elles vous aideront aussi à améliorer votre évaluation de la distance pour exercer un contrôle parfait sur chaque coup.

LES PRIORITÉS DE CETTE SEMAINE

Lundi	**Pitch**
Mardi	**Chip**
Mercredi	**Jouer dans le bunker**
Jeudi	**Apprendre à improviser**
Vendredi	**Envoyer dans le trou**
Week-end	**Révision complète**

L'OBJECTIF DE LA SEMAINE

Votre objectif, cette semaine, est d'améliorer votre technique et d'affiner votre sens du toucher et votre feeling dans tous les compartiments du jeu sur courte distance, afin que vous parveniez au niveau d'un bon golfeur.

lundi

LE PITCH

C'est un aspect déterminant pour le score des golfeurs à tous les niveaux. Les meilleurs joueurs cherchent à se sortir en deux temps des 50 mètres du green, mais l'important est de ne pas dépasser trois coups en tout pour atteindre le trou.

LEÇON DU JOUR

Améliorez votre technique de pitching et développez votre contrôle sur la distance, pour éviter que votre balle ne s'arrête avant la surface de putting. Idéalement, la balle devrait s'arrêter à moins de 10 % de la distance qui la séparait du trou avant votre coup. Par exemple, si votre frappe de pitch est de 50 mètres, vous devriez arriver dans les 5 mètres du trou.

À FAIRE

1. Jouez une partie et notez vos résultats sur les aspects cruciaux.
2. Comparez avec le tableau d'analyse de performance pour identifier toute faiblesse majeure.
3. Vérifiez vos distances de pitching en utilisant tous vos wedges et vos points de référence de backswing.
4. Tenez la face de la tête du club en position ouverte lors de la frappe. Vous pouvez pivoter vos avant-bras plus agressivement pour avoir plus de spin, ce qui freinera la balle après l'impact au sol. Vous pouvez réduire ce spin pour que la balle roule davantage après l'atterrisage.

EXERCICES PRATIQUES

Pitching exercice 1 – 20 fois (page 92)
Pitching exercice 2 – 20 fois (page 93)
Pitching exercice 3 – 10 fois (page 93)
Pitching exercice 4 – 20 fois (page 94)
Pitching exercice 5 – 10 fois (page 95)
Pitching exercice 6 – 10 fois (page 95)

mardi

LE CHIP DE BASE

C'est votre coup type autour du green. Vous devez donc continuellement peaufiner votre technique, et travailler à améliorer votre toucher et votre feeling. S'il n'y a pas d'obstacle entre la balle et le trou, le tir est simplement une version prolongée de votre putt. Vous pouvez maîtriser ce tir assez rapidement.

LEÇON DU JOUR

Développez et affinez votre technique. Améliorez votre toucher et votre aptitude à faire atterrir du premier coup la balle sur le green.

À FAIRE

1. Frappez 30 balles sur l'aire d'entraînement, en exécutant toute la séquence de visée avant chaque coup.
2. Travaillez sur les éléments de base de votre swing à la maison, idéalement devant un miroir.
3. Faites l'expérience consistant à tenir le club avec votre grip de putting pour effectuer un chip depuis l'extérieur du green. La réduction des mouvements du poignet aide à maintenir la balle plus près du sol.
4. Pratiquez le lancement de la balle sur le même point du green, dans la même position mais en variant les clubs.

EXERCICES PRATIQUES

Chipping exercice 1 – 20 fois (page 96)
Chipping exercice 2 – 10 fois (page 97)
Chipping exercice 3 – 10 fois (page 97)
Chipping exercice de feeling 1 – 10 fois (page 98)
Chipping exercice de feeling 2 – 20 fois (page 98)
Chipping exercice de feeling 3 – 20 fois (page 98)

mercredi

JOUER DANS LE BUNKER

Ne croyez pas que vous deviez systématiquement enlever la balle du sable en deux temps pour devenir un joueur à faible handicap. Si vous y parvenez une fois sur trois et avez besoin de trois coups le reste du temps, votre jeu dans le bunker est plus que suffisant.

LEÇON DU JOUR

Pour bien saisir les changements cruciaux que vous devez effectuer dans votre positionnement, vous devez comprendre pourquoi vous devez faire un swing presque complet à chaque fois. Améliorez votre technique et votre contrôle de la distance.

À FAIRE

1. Vérifiez votre positionnement et votre posture devant un miroir. Comparez-les avec ceux d'un grand joueur au physique semblable photographié dans un magazine de golf ou un manuel d'instruction.
2. Travaillez votre positionnement au bunker. Habituez-vous à swinguer le long de la ligne de vos pieds et de votre corps, et non sur la ligne balle/cible.

EXERCICES PRATIQUES

Bunker séquence de visée 1 – 20 fois (page 100)
Bunker séquence de visée 2 – 20 fois (page 101)
Bunker séquence de visée 3 – 10 fois (page 101)
Bunker exercice 1 – 20 fois (page 102)
Bunker exercice 2 – 20 fois (page 103)

jeudi

APPRENDRE À IMPROVISER

Vous allez souvent retrouver votre balle sur un sol dénudé, ensablée, en face d'un bunker ou encore dans un trou creusé par un autre club. Pour parvenir à un handicap à un seul chiffre, vous devez relever ces défis sans risquer de ruiner votre score.

LEÇON DU JOUR

Apprenez comment produire une grande variété de tirs en réajustant votre posture, le positionnement de votre balle, la répartition du poids de votre corps, l'angle de la face du club et même le swing.

À FAIRE

1. Travaillez sur les bases du swing à la maison.
2. Asseyez-vous et visualisez-vous dans la posture parfaite, effectuant de bons swings, mettant avec confiance la balle dans le trou et jugeant avec précision la vitesse de vos putts.
3. Prenez 10 balles et lancez-les au-dessus de votre tête autour de l'aire d'entraînement au chipping, puis jouez chacune d'elles là où elle se trouve.

EXERCICES PRATIQUES

Chipping exercice 1 – 20 fois (page 96)
Chipping exercice 2 – 10 fois (page 96)
Chipping exercice 3 – 10 fois (page 97)
Bunker séquence de visée 1 – 10 fois (page 100)
Bunker séquence de visée 2 – 10 fois (page 101)
Bunker exercice 1 – 10 fois (page 102)
Bunker exercice 2 – 10 fois (page 103)
Pitching exercice 1 – 10 fois (page 92)
Pitching exercice 2 – 10 fois (page 93)
Pitching exercice 3 – 10 fois (page 93)

vendredi

ENVOYER AVEC CONVICTION DANS LE TROU

Un chip, pitch ou splash adroit ne suffit malheureusement pas quand il faut sortir tant bien que mal des alentours du green. Souvent, ce sera votre aptitude à mettre la balle au fond du trou dans les 2 mètres qui prouvera l'efficacité générale de votre jeu court.

LEÇON DU JOUR

Développez un putt ferme et bon techniquement pour envoyer avec conviction la balle au fond du trou dans les 2 mètres.

À FAIRE

1. Frappez 50 balles sur l'aire d'entraînement, en exécutant les automatismes de visée avant chaque tir.
2. Regardez une vidéo d'un tournoi de golf. Voyez comment les meilleurs professionnels respectent leurs séquences précédant la frappe, même sous pression.

EXERCICES PRATIQUES

Putting séquence de visée – 10 fois (page 104)
Putting séquence de frappe – 15 fois (page 105)
Putts courts exercice 1 – 20 fois (page 110)
Putts courts exercice 2 – 20 fois (page 111)
Putts courts exercice 3 – 20 fois (page 111)

week-end

RÉVISION COMPLÈTE DU JEU COURT

Vous devez maintenant avoir une bonne compréhension de toutes les composantes du jeu sur courte distance. Vous devez aussi être en mesure de jouer les coups de base avec compétence.

LEÇON DU WEEK-END

Vous devez arriver à un taux de succès de 35 à 40 % sur le sable, de 50 à 60 % dans les alentours du green et de 20 à 30 % dans les 70 mètres du drapeau.

À FAIRE

1. Jouez une partie et notez vos résultats sur les aspects-clés.
2. Comparez vos résultats avec le tableau d'analyse de performance pour identifier toute faiblesse majeure.
3. Utilisez des balles de même marque et de même technique de fabrication.

EXERCICES PRATIQUES

Pitching exercice 1 – 20 fois (page 92)
Pitching exercice 2 – 20 fois (page 93)
Pitching exercice 3 – 20 fois (page 93)
Pitching exercice 4 – 10 fois (page 94)
Bunker séquence de visée 1 – 20 fois (page 100)
Bunker séquence de visée 2 – 20 fois (page 101)
Bunker exercice 1 – 20 fois (page 102)
Bunker exercice 2 – 20 fois (page 103)
Putting séquence de visée – 10 fois (page 104)
Putting séquence de frappe – 15 fois (page 105)
Putts courts exercice 1 – 20 fois (page 110)
Putts courts exercice 2 – 20 fois (page 111)

SEMAINE **8**

Apprendre à faire un bon score

Vous avez maintenant couvert presque tous les compartiments majeurs du jeu, et il est temps pour vous d'apprendre comment réaliser un bon score. Comme n'importe quel grand professionnel vous le dira, c'est un art en soi. Cela demande des aptitudes mentales, une bonne gestion du parcours et des choix tactiques.

LES PRIORITÉS DE CETTE SEMAINE

Lundi	**Préparation avant une partie**
Mardi	**Créer un plan de jeu**
Mercredi	**Améliorer le mental**
Jeudi	**Gestion du parcours**
Vendredi	**Jouer les par 3, par 4 et par 5**
Week-end	**Coordination générale**

VOTRE HUITIÈME SEMAINE

Cette semaine, vous allez vous concentrer en premier lieu sur le développement de votre jeu mental et votre gestion du parcours. Ce sont deux aspects essentiels du jeu. Vous pouvez améliorer rapidement votre score, simplement en réfléchissant d'une manière plus constructive et positive.

PRATIQUE STRUCTURÉE

Durant cette semaine, vous allez davantage jouer que pratiquer. Il vous sera demandé, bien sûr, d'effectuer les exercices pratiques recommandés, mais presque toute la semaine sera consacrée à vous apprendre à vous préparer et à penser correctement sur le parcours. Vous devrez être capable de planifier avec soin ce que vous voulez accomplir avec chaque frappe de balle. Visez un résultat précis à chaque tir, et voyez si vous vous en approchez.

OBJECTIF DE LA SEMAINE

Votre objectif, cette semaine, est d'apprendre comment diminuer les erreurs mentales et les fautes de gestion du parcours, et de vous entraîner à ne pas gaspiller des coups inutilement.

lundi

PRÉPARATION AVANT UNE PARTIE

Les meilleurs joueurs du monde ont une mise en condition systématique avant chaque partie. Cela leur procure confiance et confort, et leur permet de se préparer exactement de la même manière à chaque fois.

LEÇON DU JOUR

Développez votre propre mise en condition, pour vous relaxer et vous préparer au premier tir et à la partie qui s'annonce.

À FAIRE

1. Élaborez et inscrivez sur une feuille un programme de mise en condition commençant 45 minutes avant l'heure où vous serez au tee. Pour cela, aidez-vous des conseils donnés à la page 115.
2. Jouez une partie de golf, en respectant votre programme de préparation et en notant vos résultats dans les secteurs-clés du jeu.
3. Comparez vos résultats avec le tableau d'analyse de performance pour identifier toute faiblesse majeure.

EXERCICES PRATIQUES

Séquence avant la frappe exercice 1 – 10 fois (page 72)
Séquence avant la frappe exercice 2 – 1 fois (page 73)

mardi

LE PLAN DE JEU

Si vous jouez sur un parcours qui vous est familier, vous devrez avoir un plan de jeu pour chaque trou, afin de négocier la partie avec le plus d'efficacité et de réussite possible. Si vous jouez sur un parcours pour la première fois, asseyez-vous avant la partie avec un plan de parcours et préparez une stratégie pour les trous essentiels.

LEÇON DU JOUR

Apprenez l'importance d'une préparation méticuleuse avant chaque partie ; prenez l'habitude de réfléchir à l'avance à votre parcours et à chaque trou.

À FAIRE

1. Sur l'aire d'entraînement, imaginez que vous êtes sur le parcours. Sélectionnez les clubs en conséquence. Jouez chaque coup là où vous pensez qu'il aurait abouti sur le parcours lui-même avant que vous parveniez au green.
2. Continuez à travailler vos bases à la maison et à réviser votre posture devant un miroir.
3. Prévoyez un plan de jeu pour votre prochaine partie de golf sur votre parcours habituel.
4. Étudiez les relevés (ou index) des coups sur votre feuille de parcours habituel et demandez-vous pourquoi le relevé du trou 1 est le plus difficile, et celui du trou 18 le plus facile.

EXERCICES PRATIQUES

Séquence avant la frappe exercice 1 – 10 fois (page 72)
Séquence avant la frappe exercice 2 – 1 fois (page 73)

mercredi

AMÉLIORATION DU MENTAL

À ce stade du programme, il faudra être totalement positif dans votre approche du jeu. Il n'y aura aucune place pour une pensée négative ou le doute dans votre esprit. Vous devrez vous concentrer sur votre objectif de parvenir à un handicap à un seul chiffre.

LEÇON DU JOUR

Concentrez-vous uniquement sur les aspects positifs de votre jeu et les résultats que vous recherchez. Chassez toute pensée négative.

À FAIRE

1. Visualisez-vous dans la position parfaite de visée, effectuant le swing idéal.
2. Frappez 30 balles sur l'aire d'entraînement ; visualisez chaque frappe avec soin avant de l'effectuer.
3. Ré-évaluez vos objectifs ; êtes-vous en voie de les atteindre ou les avez-vous déjà atteints? Dans le dernier cas, vous devez vous fixer de nouveaux défis.

EXERCICES PRATIQUES

Séquence avant la frappe exercice 1 – 10 fois (page 72)

Séquence avant la frappe exercice 2 – 1 fois (page 73)

jeudi

GESTION DU PARCOURS

Maintenant que vous avez un meilleur contrôle du déroulement de votre frappe de balle, l'amélioration de votre gestion du circuit de golf ne devrait pas être difficile. Les principes sont les mêmes, quel que soit votre niveau. Cependant, vos stratégies pour jouer certains trous vont évidemment évoluer avec votre capacité à jouer une plus grande variété de coups.

LEÇON DU JOUR

Ré-évaluez vos stratégies de jeu, afin qu'elles correspondent à votre niveau.

À FAIRE

1. Jouez une partie de golf, en vous concentrant seulement sur votre gestion du parcours et la visualisation. Respectez votre plan de jeu pour chaque trou.
2. Lisez le chapitre 4, sur la gestion du parcours et l'attitude mentale, pour vous rappeler les principes-clés.
3. Après votre partie, ne pensez qu'aux bons coups que vous avez réalisés et visualisez-les clairement dans votre esprit.

EXERCICES PRATIQUES

Séquence avant la frappe exercice 1 – 10 fois (page 72)

Séquence avant la frappe exercice 2 – 1 fois (page 73)

vendredi

LES STRATÉGIES DE JEU DES DIFFÉRENTS TROUS

Vous devez maintenant avoir une idée claire de vos forces et faiblesses dans tous les compartiments du jeu. Vous pouvez donc déterminer vos stratégies pour différents types de trous, comme le par 3, le par 4 ou le par 5 longs et courts.

LEÇON DU JOUR

Identifiez les forces et les faiblesses majeures de votre jeu. En fonction d'elles, planifiez votre jeu et vos stratégies. Le but est d'optimiser le nombre de coups que vous jouez en utilisant votre club favori et de minimiser le nombre de coups joués avec le club que vous appréciez le moins (ou de votre distance ou position la moins appréciée).

À FAIRE

1. Prenez le club que vous appréciez le moins à l'aire d'entraînement et frappez autant de balles qu'il vous faut pour restaurer votre confiance.
2. Asseyez-vous et réfléchissez aux caractéristiques du jeu sur votre parcours habituel. Identifiez les coups qu'il vous faudra pour pouvoir jouer sur le par 3, le par 4 ou le par 5 et obtenir un bon score.
3. Suivez un tournoi de golf sur vidéo et observez comment les meilleurs professionnels négocient les trous les plus difficiles.

EXERCICES PRATIQUES

Séquence avant la frappe exercice 1 – 10 fois (page 72)

Séquence avant la frappe exercice 2 – 1 fois (page 73)

week-end

COMBINEZ VOS MEILLEURES APTITUDES DE GESTION DE PARCOURS

Une attitude positive, une bonne préparation et des prises de décision efficaces s'allient pour constituer une bonne gestion du parcours de golf.

LEÇON DU WEEK-END

Votre attention, ce week-end, se concentrera sur votre mise en condition avant une partie et vos automatismes de visée. Vous devez améliorer votre visualisation et votre planification des coups. Cela vous aidera à maintenir un niveau élevé de concentration et à minimiser le risque d'erreurs dues au stress.

À FAIRE

1. Jouez une partie de golf et notez vos résultats sur les secteurs-clés.
2. Comparez vos résultats avec le tableau d'analyse de performance pour identifier les faiblesses majeures s'il y en a et exécutez les exercices correspondants.
3. Frappez 50 balles sur l'aire d'entraînement, en respectant votre séquence de visée avant chaque coup.

EXERCICES PRATIQUES

Séquence avant la frappe exercice 1 – 10 fois (page 72)

Séquence avant la frappe exercice 2 – 1 fois (page 73)

SEMAINE **9**

Parfaire les aspects essentiels

Lors de cette neuvième semaine, vous essaierez d'harmoniser l'ensemble de votre jeu. Vous ne devez plus avoir de faiblesses évidentes. Vous rechercherez tous les raffinements techniques à mettre en œuvre dans les compartiments essentiels du jeu, dans l'optique d'obtenir un meilleur score.

VOTRE NEUVIÈME SEMAINE

Durant votre neuvième semaine, vous améliorerez encore les compartiments du jeu cruciaux pour votre score, tels que le driving, le putting sur longue distance, le pitching et le chipping.

PRATIQUE STRUCTURÉE

La pratique des exercices de la semaine vous permettra d'améliorer votre performance dans les compartiments du jeu où les golfeurs amateurs rencontrent le plus de problèmes.

OBJECTIF DE LA SEMAINE

Votre objectif, cette semaine, est d'optimiser votre score dans tous les compartiments du jeu.

LES PRIORITÉS DE CETTE SEMAINE

Lundi	**Driving**
Mardi	**Contrôle de distance avec les fers**
Mercredi	**Pitching**
Jeudi	**Chipping**
Vendredi	**Putting sur longue distance**
Week-end	**Révision de la semaine**

lundi

LE DRIVING

Pour parvenir à un handicap à un chiffre, vous devrez pouvoir driver la balle sur 180 mètres au départ du tee avec un bon degré de précision, et ce, de manière régulière. Cela vous permettra d'arriver au par 4 plus court avec votre deuxième coup, et d'avoir une bonne chance de toucher le green sur un par 4 plus long en restant dans le par. Au pire, cela vous mènera à un pitch ou à un chip pour votre troisième coup. Plus loin et plus droit vous driverez la balle, plus faciles seront les autres coups.

LEÇON DU JOUR

Améliorez la distance et la précision de votre drive, afin que vous parveniez à un handicap inférieur à 10.

À FAIRE

1. Jouez une partie de golf et notez vos résultats dans les secteurs-clés du jeu.
2. Comparez vos résultats avec le tableau d'analyse de performance pour identifier toute faiblesse majeure.
3. Sélectionnez des petites cibles à viser en drivant au départ du tee pour minimiser votre marge d'erreur.

EXERCICES PRATIQUES

Alignement exercice 1 – 10 fois (page 74)
Alignement exercice 2 – 10 fois (page 75)
Alignement exercice 3 – 10 fois (page 75)
Position de la balle exercice 1 – 10 fois (page 78)
Posture exercice 2 – 5 fois (page 77)
Positionnement du driver exercice 1 – 10 fois (page 86)
Swing du driver – 10 fois (page 86)
Positionnement du driver exercice 2 – 10 fois (page 87)

mardi

CONTRÔLER LA DISTANCE AVEC LES FERS

Vous ratez de nombreux coups d'approche en raison d'un mauvais choix ou d'une mauvaise utilisation des clubs. Vos erreurs sont souvent dues au fait que vous ne savez pas à quelle distance vous frappez la balle avec chaque club et/ou que votre choix n'est pas réaliste.

LEÇON DU JOUR

Mesurez les distances réalisées avec chaque club. Devenez plus discipliné dans votre choix des clubs et plus réaliste dans votre perception des distances possibles.

À FAIRE

1. Travaillez vos distances avec chaque club.
2. Frappez 5 balles avec chaque club sur l'aire d'entraînement et demandez-vous combien vous en avez touché à la perfection.
3. Continuez à travailler vos mouvements de base à la maison. Votre grip et votre posture sont particulièrement importants pour une bonne frappe de balle.

EXERCICES PRATIQUES

Alignement exercice 1 – 10 fois (page 74)
Alignement exercice 2 – 10 fois (page 75)
Alignement exercice 3 – 10 fois (page 75)
Posture exercice 1 – 10 fois (page 76)
Posture exercice 2 – 5 fois (page 77)
Position de la balle exercice 2 – 10 fois (page 79)
Swing exercice 1 – 10 fois (page 80)
Swing exercice 2 – 10 fois (page 81)
Swing exercice 3 – 10 fois (page 82)
Swing exercice 4 – 10 fois (page 83)

mercredi

LE PITCHING

Le nombre de pitches que vous exécutez durant une partie moyenne est un bon baromètre de la qualité générale de votre jeu. Si vous devez continuellement pitcher sur le green dans les 30 à 65 mètres, votre jeu long n'est certainement pas assez bon. Quoi qu'il en soit, le pitching est un aspect essentiel du golf : il y a toujours beaucoup de tirs pitchés à effectuer dans les parties de par 5 et de par 4 long.

LEÇON DU JOUR

Améliorez votre technique de pitching avec tous vos wedges. Développez un contrôle suffisant de la distance pour pouvoir envoyer régulièrement la balle sur le green au plus près du drapeau.

À FAIRE

1. Mesurez vos distances de pitching avec tous vos wedges et notez les différences obtenues avec plusieurs longueurs de backswing.
2. Travaillez le positionnement de la balle, l'angle de la face du club au moment de la visée et l'envol de la balle au moment de l'impact. Le but est de produire des coups aux trajectoires différentes et avec des effets divers.

EXERCICES PRATIQUES

Pitching exercice 1 – 20 fois (page 92)
Pitching exercice 2 – 20 fois (page 93)
Pitching exercice 3 – 20 fois (page 93)
Pitching exercice 4 – 10 fois (page 94)
Grip exercice 1 – 10 fois (page 70)
Grip exercice 2 – 10 fois (page 71)
Posture exercice 1 – 20 fois (page 76)
Posture exercice 2 – 20 fois (page 77)

jeudi

LE CHIPPING

L'erreur la plus commune de l'amateur est de conserver le même écart (stance) dans sa posture et la même position de balle à chaque frappe, que ce soit en utilisant un driver ou un wedge de pitching.

LEÇON DU JOUR

Améliorez votre technique de base et votre contrôle de la distance, et apprenez à varier les coups autour des greens.

À FAIRE

1. Frappez 30 balles sur l'aire d'entraînement, en exécutant toute la séquence de visée avant chaque coup.
2. Pratiquez le chipping, en utilisant une variété de clubs pour améliorer votre feeling et votre capacité à varier les coups.
3. Regardez sur vidéo un tournoi de golf et observez comment les plus grands joueurs maintiennent la balle près du sol partout où c'est possible.

EXERCICES PRATIQUES

Chipping exercice 1 – 50 fois (page 96)
Chipping exercice 2 – 30 fois (page 96)
Chipping exercice 3 – 20 fois (page 97)
Chipping exercice de feeling 1 – 20 fois (page 98)
Chipping exercice de feeling 2 – 20 fois (page 99)
Chipping exercice de feeling 3 – 20 fois (page 99)
Putts courts exercice 1 – 20 fois (page 110)
Putts courts exercice 2 – 20 fois (page 111)

vendredi

LE PUTTING SUR LONGUE DISTANCE

Putter trois fois depuis une longue distance est probablement la cause d'échec la plus fréquente. Dans la plupart des cas, cela est dû à un mauvais jugement lors du putt d'approche, la balle étant envoyée trop loin du trou. Si vous éliminez cette approche hésitante du putting, vos scores chuteront rapidement.

LEÇON DU JOUR

Améliorez la qualité et la régularité de votre frappe, et votre évaluation de la distance.

À FAIRE

Travaillez votre putting à la maison. Pratiquer des putts sur une moquette vous permet de vous entraîner à réaliser des coups plus assurés.

EXERCICES PRATIQUES

Lecture des greens exercice 1 – 15 fois (page 107)
Putting séquence de visée – 15 fois (page 104)
Technique de putting exercice 2 – 5 fois (page 107)
Putting séquence de frappe – 10 fois (page 105)
Technique de putting exercice 1 – 15 fois (page 106)
Putting exercice de feeling 1 – 15 fois (page 108)
Putting exercice de feeling 2 – 15 fois (page 109)
Putting exercice de feeling 3 – 15 fois (page 109)

week-end

RÉVISION DE LA SEMAINE

Pour obtenir des scores plus bas et éliminer les coups gaspillés, il est primordial d'améliorer votre régularité dans tous les compartiments-clés du jeu.

LEÇON DU WEEK-END

Améliorer les secteurs essentiels pour le score et atteindre le niveau requis dans le tableau d'analyse de performance.

À FAIRE

Jouez une partie et notez vos résultats dans les compartiments-clés du jeu. Comparez-les avec le tableau d'analyse de performance pour identifier les faiblesses majeures s'il en reste.

EXERCICES PRATIQUES

Positionnement du driver exercice 1 – 10 fois (page 86)
Swing du driver – 10 fois (page 86)
Positionnement du driver exercice 2 – 10 fois (page 87)
Pitching exercice 1 – 20 fois (page 92)
Pitching exercice 2 – 20 fois (page 93)
Pitching exercice 3 – 20 fois (page 93)
Grip exercice 1 – 10 fois (page 70)
Grip exercice 2 – 10 fois (page 71)
Chipping exercice 1 – 50 fois (page 96)
Chipping exercice 2 – 30 fois (page 97)
Chipping exercice de feeling 1 – 20 fois (page 98)
Chipping exercice de feeling 2 – 20 fois (page 97)
Putts courts exercice 1 – 20 fois (page 110)
Putts courts exercice 2 – 20 fois (page 111)
Putting séquence de visée – 15 fois (page 104)
Technique de putting exercice 2 – 5 fois (page 105)
Putting séquence de frappe – 10 fois (page 105)
Putting exercice de feeling 1 – 15 fois (page 108)
Putting exercice de feeling 2 – 15 fois (page 109)
Putting exercice de feeling 3 – 15 fois (page 109)

SEMAINE **10**

Réviser et parfaire votre technique

À ce stade, vous devez vous sentir à l'aise dans tous les compartiments du jeu. Normalement, quelques ajustements mineurs devraient suffire à atteindre le niveau d'un golfeur avec un handicap à un chiffre.

VOTRE DIXIÈME SEMAINE

Durant cette dernière semaine, vous allez affiner tous les aspects de votre jeu, afin qu'il n'y ait plus de faiblesses pénalisantes. Vous allez réviser et parfaire vos techniques pour pouvoir utiliser pleinement votre potentiel. Il vous sera demandé de jouer plus régulièrement cette semaine, afin d'améliorer votre capacité de faire un bon score sur le parcours. Ce sera aussi l'occasion d'éliminer vos derniers petits défauts et d'apprendre à être confiant dans n'importe quelle situation.

PRATIQUE STRUCTURÉE

Pendant les sept derniers jours du programme, vous devrez répéter de nombreux exercices, afin de vous rafraîchir la mémoire et de faire de certains gestes de véritables automatismes. Ne négligez pas la mise en condition avant de jouer.

OBJECTIF DE LA SEMAINE

Votre objectif, cette semaine, est simplement de vous assurer que chacun des aspects de votre jeu, y compris votre approche mentale et votre gestion du parcours, atteigne le niveau requis dans le tableau d'analyse de performance.

LES PRIORITÉS DE CETTE SEMAINE

Lundi	**Révision des bases**
Mardi	**Swing**
Mercredi	**Jeu long**
Jeudi	**Jeu court**
Vendredi	**Putting**
Week-end	**Pratique intensive**

lundi

RÉVISION DES BASES

Pendant ces neuf dernières semaines, vous avez travaillé les aspects fondamentaux du golf et développé vos automatismes avant la frappe de la balle. Mais les mauvaises habitudes sont parfois tenaces, et vous devez vous assurer que votre grip, votre positionnement, votre alignement et votre posture sont bien au point.

LEÇON DU JOUR

Vérifiez la qualité de votre grip, votre posture, votre positionnement et votre alignement, afin d'optimiser vos chances d'adopter la position de visée correcte.

À FAIRE

1. Observez votre position de visée dans un miroir, afin de contrôler votre alignement et votre posture.
2. Revoyez, dans la semaine 8, comment améliorer votre mental.
3. Jouez neuf trous de golf sans analyser votre score ni enregistrer vos résultats.

EXERCICES PRATIQUES

Grip exercice 1 – 10 fois (page 70)
Grip exercice 2 – 5 fois (page 71)
Grip exercice 3 – 5 fois (page 71)
Séquence avant la frappe exercice 1 – 10 fois (page 72)
Alignement exercice 1 – 10 fois (page 74)
Alignement exercice 2 – 10 fois (page 75)
Posture exercice 1 – 10 fois (page 76)
Posture exercice 2 – 10 fois (page 77)
Posture exercice 3 – 1 fois (page 77)
Position de la balle exercice 1 – 5 fois (page 78)
Position de la balle exercice 2 – 5 fois (page 79)
Position de la balle exercice 3 – 5 fois (page 79)

mardi

PARFAIRE VOTRE SWING

Tout en appliquant les bases que constituent un bon grip, un bon positionnement, un alignement correct et une bonne posture, revoyez la manière dont il faut faire pivoter le corps, swinguer avec les bras, actionner les poignets, pour créer un swing solide, régulier, que vous retrouverez spontanément à chaque fois.

LEÇON DU JOUR

Répétez les éléments-clés du swing, afin qu'ils s'enchaînent pour former un mouvement libre et naturel.

À FAIRE

1. Relisez ce qui concerne le swing dans la semaine 2 du programme.
2. Pratiquez beaucoup de swings sans balle devant votre miroir, en vous concentrant sur les différentes phases du backswing : takeaway (début), montée, puis sommet du backswing.
3. Allez sur l'aire d'entraînement et frappez 30 balles, en respectant les automatismes de visée à chaque coup et en effectuant un exercice de swing avant de frapper chaque balle.

EXERCICES PRATIQUES

Swing exercice 1 – 15 fois (page 80)
Swing exercice 2 – 15 fois (page 81)
Swing exercice 3 – 10 fois (page 82)
Swing exercice 4 – 10 fois (page 83)
Swing exercice de tempo 1 – 10 fois (page 84)
Swing exercice de tempo 2 – 10 fois (page 85)
Swing exercice de tempo 3 – 5 fois (page 85)

mercredi

LE JEU LONG

Revoyez votre jeu avec le bois de fairway et de drive, et votre frappe avec les fers. Donnez à la balle différentes trajectoires, jusqu'à ce que vous ayez confiance dans votre aptitude à la diriger à volonté et que vous puissiez affronter n'importe quelle situation sur le parcours.

LEÇON DU JOUR

Rappelez-vous que vous cherchez à être régulier dans toutes vos actions, afin de toucher le fairway plus souvent et d'atteindre environ 50% des greens dans le par.

À FAIRE

1. Frappez 10 balles avec chaque club et notez les distances atteintes. Ignorez les deux meilleurs et les deux plus mauvais tirs, et notez la moyenne des six autres.
2. Lisez dans le chapitre 4 ce qui concerne la gestion du parcours et jouez neuf trous de golf sans analyser votre score ni noter vos résultats.
3. Révisez la composition de votre set de golf. Y a-t-il des clubs que vous devriez remplacer – tel un fer long ou un bois de fairway ?

EXERCICES PRATIQUES

Positionnement du driver exercice 1 – 10 fois (page 86)
Swing du driver – 10 fois (page 86)
Positionnement du driver exercice 2 – 5 fois (page 87)
Tirs contrôlés exercice 1 – 10 fois (page 88)
Tirs contrôlés exercice 2 – 10 fois (page 89)
Tirs contrôlés exercice 3 – 10 fois (page 89)
Trajectoire exercice 1 – 10 fois (page 90)
Trajectoire exercice 2 – 10 fois (page 91)
Trajectoire exercice 3 – 10 fois (page 91)

jeudi

RÉVISION DU JEU COURT

Envoyer la balle près du trou peut effacer en partie des erreurs commises précédemment. Vous devez donc travailler sur le toucher et le feeling autour du green.

LEÇON DU JOUR

Vous devez désormais être très régulier en matière de chipping, de pitching et de jeu de bunker.

À FAIRE

1. Jouez avec un ami d'un niveau similaire au vôtre et transformez la session d'entraînement en une série de compétitions.
2. Pitchez avec différents wedges et voyez quelle distance vous atteignez avec chaque club. Notez comment cette distance change selon que vous swinguez avec les hanches, la poitrine et les épaules. Changez aussi l'angle de la face du club au moment de la visée et observez les variations d'altitude et de distance obtenues. Enfin, faites des frappes à partir d'un bunker où il y a des angles irréguliers et des positions difficiles.

EXERCICES PRATIQUES

Pitching exercice 1 – 20 fois (page 92)
Pitching exercice 2 – 10 fois (page 92)
Pitching exercice 3 – 10 fois (page 93)
Pitching exercice 4 – 10 fois (page 94)
Chipping exercice 1 – 20 fois (page 96)
Chipping exercice 2 – 10 fois (page 97)
Chipping exercice 3 – 10 fois (page 97)
Chipping exercice de feeling 1 – 10 fois (page 98)
Chipping exercice de feeling 2 – 10 fois (page 99)
Chipping exercice de feeling 3 – 10 fois (page 99)
Bunker séquence de visée 1 – 5 fois (p 100)
Bunker séquence de visée 2 – 10 fois (p 101)
Bunker exercice 1 – 10 fois (p 102)
Bunker exercice 2 – 5 fois (p 103)

1
2
3
4
5
6
7
8
9
10

vendredi

LE PUTTING

La capacité à putter directement dans le trou avec régularité peut faire plus que compenser les déficiences du jeu long. C'est un atout essentiel, de même que le contrôle des longues distances.

LEÇON DU JOUR

Revoyez votre séquence de visée avant le putt. Travaillez à améliorer la qualité de votre frappe, en vous appliquant à maintenir la stabilité de votre tête et de la partie inférieure de votre corps.

À FAIRE

1. Affinez votre lecture du green, afin qu'elle devienne automatique.
2. Regardez la vidéo d'un tournoi de golf et comparez votre séquence de visée avant le putt avec celles des grands joueurs.

EXERCICES PRATIQUES

Putting séquence de visée – 15 fois (page 104)
Putting séquence de frappe – 20 fois (page 105)
Putting exercice de posture – 5 fois (page 105)
Technique de putting exercice 1 – 10 fois (page 106)
Technique de putting exercice 2 – 10 fois (page 107)
Lecture des greens exercice 1 – 10 fois (page 107)
Putting exercice de feeling 1 – 20 fois (page 108)
Putting exercice de feeling 2 – 10 fois (page 109)
Putting exercice de feeling 3 – 10 fois (page 109)
Putts courts exercice 1 – 10 fois (page 110)
Putts courts exercice 2 – 10 fois (page 111)
Putts courts exercice 3 – 10 fois (page 111)

week-end

PRATIQUE INTENSIVE

C'est votre dernière chance d'éliminer les défauts qui restent. Passez donc tout le week-end à réviser chaque compartiment-clé de votre jeu. Commencez par une révision des éléments de base et résistez à la tentation d'effectuer soudainement des changements majeurs. Appliquez-vous à parfaire tous les aspects de votre jeu.

LEÇON DU WEEK-END

Votre attention devra se focaliser sur vos dernières faiblesses, mais vous êtes désormais efficace dans tous les aspects du jeu. Efforcez-vous de vous maintenir à un niveau où vous êtes confiant dans votre capacité à jouer chaque coup.

À FAIRE

1. Développez un plan de jeu pour votre prochaine partie de golf et décidez de vous y tenir quelles que soient les tentations de changer de stratégie.
2. Jouez une partie de golf en appliquant vos séquences habituelles et tout ce que vous avez acquis pendant ces dix semaines, y compris en ce qui concerne le mental et la gestion du parcours.

EXERCICES PRATIQUES

Répétez autant que possible tous les exercices pratiques et toutes les séquences. Continuez à combattre les faiblesses de votre jeu, jusqu'à ce que celui-ci ait atteint le niveau requis.

VUE GÉNÉRALE DE VOTRE PLAN DE 10 SEMAINES

1

Lundi	**Acquérir un grip neutre**
Mardi	**Posture**
Mercredi	**Posture et position de la balle**
Jeudi	**Alignement**
Vendredi	**Préparation de la visée**
Week-end	**Phase préparatoire**

2

Lundi	**Pivotement de la partie supérieure du corps**
Mardi	**Swing des bras**
Mercredi	**Faire pivoter le poignet**
Jeudi	**Rôle de la partie inférieure du corps**
Vendredi	**Développer le bon rythme**
Week-end	**Restaurer la spontanéité**

3

Lundi	**Positionnement du putting**
Mardi	**La frapppe du putting**
Mercredi	**Apprendre à « lire » le green**
Jeudi	**Contrôler la distance des putts**
Vendredi	**Mettre dans le trou à courte distance**
Week-end	**Coordonner les actions**

4

Lundi	**Organisation du chipping**
Mardi	**Technique du chipping**
Mercredi	**Chipping : maîtrise de la distance**
Jeudi	**Améliorer l'imagination**
Vendredi	**Réussir même sous pression**
Week-end	**Consolidation des activités**

5

Lundi	**Drive et bois de fairway**
Mardi	**Fers longs et courts**
Mercredi	**Fade**
Jeudi	**Draw**
Vendredi	**Tirs en hauteur et près du sol**
Week-end	**Amélioration de la frappe**

6

Lundi	**Pitching : technique de base**
Mardi	**Pitching : évaluation de la distance**
Mercredi	**Bunker : positionnement**
Jeudi	**Bunker : swing**
Vendredi	**Mettre dans le trou**
Week-end	**Révision de la semaine**

7

Lundi	**Le pitch**
Mardi	**Le chip**
Mercredi	**Jouer dans le bunker**
Jeudi	**Apprendre à improviser**
Vendredi	**Envoyer dans le trou**
Week-end	**Révision complète**

8

Lundi	**Préparation avant une partie**
Mardi	**Créer un plan de jeu**
Mercredi	**Améliorer le mental**
Jeudi	**Gestion du parcours**
Vendredi	**Jouer les par 3, par 4 et par 5**
Week-end	**Coordination générale**

9

Lundi	**Driving**
Mardi	**Contrôle de distance avec les fers**
Mercredi	**Pitching**
Jeudi	**Chipping**
Vendredi	**Putting sur longue distance**
Week-end	**Révision de la semaine**

10

Lundi	**Révision des bases**
Mardi	**Le swing**
Mercredi	**Le jeu long**
Jeudi	**Le jeu court**
Vendredi	**Putting**
Week-end	**Pratique intensive**

1 2 3 4 5 6 7 8 9 10

Troisième partie

TECHNIQUES D'ENTRAÎNEMENT

Cette partie aborde toutes les techniques d'entraînement et les séquences qu'il vous faudra maîtriser pour progresser dans chaque secteur du jeu, afin de devenir un golfeur avec un handicap à un chiffre. Les exercices ne sont pas toujours destinés à vous donner une technique parfaite, mais ils vous aideront à éliminer rapidement vos faiblesses majeures et à éviter les coups désastreux qui ruinent tant de parties prometteuses.

Il est important de se rappeler que les exercices – en particulier ceux où vous cherchez à améliorer les points-clés de votre technique – vont surtout dépendre de votre aptitude à adopter une bonne position de visée. Cela ne servira guère, par exemple, d'essayer d'améliorer la position de votre épaule si votre posture n'est pas correcte et que votre colonne vertébrale n'est pas droite.

Ayez toujours à l'esprit que la qualité doit primer sur la quantité lorsqu'il s'agit de pratiquer. Si vous êtes pressé, il vaut mieux faire moins d'exercices, mais en vous appliquant, plutôt que de les effectuer à la hâte en bâclant la préparation. Vous pourrez toujours vous rattraper le jour suivant – mais cela ne doit quand même pas devenir une habitude.

GRIP EXERCICE 1
former un grip neutre

La façon dont vous placez vos mains sur le club influence bien d'autres aspects de votre swing. Même si un grip parfait n'est pas absolument nécessaire pour jouer correctement au golf, il optimisera vos chances de maintenir à angle droit la face du club lors de l'impact. Cela vous permettra de produire à la fois puissance et précision.

1 **Laissez retomber vos bras, afin que vos avant-bras et vos paumes soient légèrement tournés vers vos cuisses. Vos mains devront être placées dans cette position sur le club.**

2 **En gardant votre bras droit le long du corps, attrapez le grip du club avec les doigts de votre main gauche. Assurez-vous que votre avant-bras reste dans sa position initiale et que vous ne faites pas pivoter votre main.**

3 **Avancez votre bras droit vers le club en gardant l'avant-bras et le plat de la main légèrement tournés vers l'intérieur. Placez votre main droite sur le club, en tenant le grip à la base de vos doigts. Vous avez maintenant un grip neutre et naturel.**

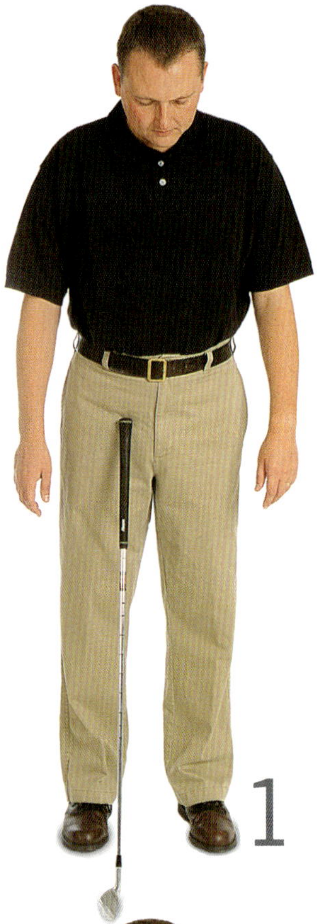
1

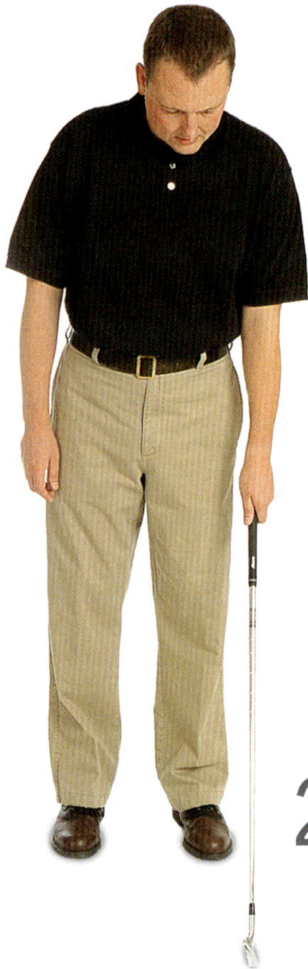
2

3

GRIP EXERCICE 2

donner la pression correcte au grip

La formation du grip est importante, mais on néglige souvent le degré de pression qu'il faut y appliquer.

1

2

3

1 Tenez un fer 7 devant vous à l'horizontale, parallèle au sol. Le club vous paraîtra très lourd, et vous aurez à le serrer trop fortement pour l'empêcher de tomber.

2 Tenez cette fois votre fer 7 à la verticale devant vous, la tête du club vers le haut. Le club vous paraîtra très léger, et votre pression du grip sera trop faible.

3 Enfin, tenez votre fer 7 à distance devant vous, afin qu'il s'abaisse à un angle de 45 degrés par rapport à vous. La pression alors appliquée pour le maintenir en position est celle qu'il faut adopter pour toutes les frappes de balle normales.

GRIP EXERCICE 3

pour renforcer les mains

Si vous avez la main et les poignets forts, vous aurez plus de contrôle sur le club lorsque vous swinguerez, et vous pourrez ainsi créer plus de puissance.

1. Étendez votre bras gauche devant vous et tenez le club à la base de vos doigts pour le maintenir à la verticale.
2. Sans bouger le bras, remontez sur le grip du club en ne bougeant que les doigts.
3. Après avoir atteint l'extrémité du grip, redescendez vos doigts, puis répétez le mouvement.

GRIP EXERCICE 4

travailler le grip à la maison

N'attendez pas d'être sur l'aire d'entraînement ; vous pouvez faire des excercices n'importe où.

1. Assurez-vous d'avoir un club à portée de la main partout où c'est possible.
2. Travaillez votre grip à tout moment, même lorsque vous regardez la télévision ou que vous vous relaxez.
3. Exercez-vous à former votre nouveau grip aussi souvent que possible pendant les premiers jours du programme, afin qu'il devienne naturel et confortable.

SÉQUENCE AVANT LA FRAPPE EXERCICE 1

composantes-clés de la séquence

Tout golfeur de haut niveau a une séquence qu'il applique systématiquement avant chaque frappe de balle. Une telle séquence, quand elle deviendra automatique, vous procurera assurance et calme et accroîtra vos chances de toujours vous positionner correctement. Vous devez mettre au point votre enchaînement personnel, mais voici les éléments-clés à y inclure.

1 **Commencez par visualiser le coup que vous voulez effectuer en vous tenant debout, à plus de 1 mètre derrière la balle et face à la cible. Visualisez la forme et la trajectoire du tir.**

1

2 **Approchez-vous de la balle du côté gauche. Regardez en direction de la ligne de tir recherchée et maintenez votre poitrine face à la cible jusqu'à ce que vous commenciez à prendre votre posture.**

2

SÉQUENCE AVANT LA FRAPPE EXERCICE 2

chronométrer la séquence pour atteindre une meilleure régularité

Votre objectif est de pratiquer et de répéter votre séquence, afin qu'elle soit parfaitement identique chaque fois vous que visez la balle.

1. Sortez le club du sac et préparez-vous à une frappe de balle.
2. Assurez-vous que la durée de vos séquences précédant un tir ne varie pas de plus d'une ou deux secondes.
3. Demandez à un ami de chronométrer votre séquence avant la frappe.

3 **Placez soigneusement la face du club derrière la balle en visant l'endroit où vous désirez envoyer celle-ci. Gardez constamment la cible en vue pour être certain que vous êtes correctement aligné.**

4 **Enfin, en prenant comme repère la face du club, positionnez votre corps et vos pieds de manière qu'ils soient perpendiculaires par rapport à la ligne balle/cible. Vous devriez être alors dans la position idéale pour effectuer votre coup.**

3

4

ALIGNEMENT EXERCICE 1

position de la face du club

En observant un grand joueur, vous remarquerez qu'il vise toujours sa cible avec la face du club avant de parfaire son positionnement. C'est parce qu'il est plus facile de voir la direction que vise le club avant de s'aligner par rapport à la cible. Si vous faites l'inverse, vous aurez une vue déformée de votre alignement.

1 **Tenez-vous derrière la balle et visualisez le coup que vous voulez faire. Idéalement, vous devrez choisir une cible intermédiaire à quelques mètres de la balle sur sa trajectoire supposée, afin d'aligner la face du club avec plus de précision.**

2 **En maintenant votre buste droit mais fléchi vers l'avant, placez la tête du club derrière la balle avec votre main droite. Assurez-vous par quelques allers-retours que la face du club se place correctement sur l'axe balle/cible.**

3 **Enfin, placez vos pieds de part et d'autre du club. Assurez-vous que vos pieds et vos épaules sont alignés.**

1

2

3

ALIGNEMENT EXERCICE 2

alignement instinctif parallèle

Lorsque vous vous entraînez, placez deux clubs sur le sol, perpendiculairement à la cible, afin de vous aligner correctement avant de frapper la balle. Si vous répétez l'exercice assez régulièrement, votre alignement deviendra naturel et instinctif.

1 Vous devez vous assurer que la face du club et votre corps sont alignés l'un par rapport à l'autre, mais ne visent pas le même point. Posez un club sur le sol, juste derrière la balle, et un autre parallèle au premier, devant vos pieds. La balle devra être plus ou moins au milieu des deux clubs.

2 Quand votre corps et la face du club se trouvent alignés l'un par rapport à l'autre, vous avez de bonnes chances de commencer le swing sur une trajectoire et un plan corrects. Pratiquez chaque tir dans la même position pour améliorer votre régularité et la qualité de votre jeu.

ALIGNEMENT EXERCICE 3

vérifier comment pointer l'épaule

Pour vérifier si vous êtes correctement aligné au moment de la visée, adoptez un stance normal et levez le bras gauche latéralement. Idéalement, votre bras devrait pointer vers la gauche de votre cible. S'il pointe vers elle ou à sa droite, c'est que vos épaules sont trop fermées. Si votre bras pointe trop loin à gauche de la cible, vos épaules sont trop ouvertes.

1

2

POSTURE EXERCICE 1

composer le grip et fléchir au niveau des hanches

L'erreur la plus commune et la plus désastreuse consiste à se mettre en posture de visée sans faire l'effort de se pencher en avant. Il est alors impossible de créer le bon angle pour pivoter en faisant ressort durant le swing, ce qui réduit aussi la puissance et la régularité.

1 **Tendez le club devant vous approximativement à hauteur de la poitrine. Assurez-vous que vos deux bras sont un peu tendus en avant – sans qu'ils soient excessivement droits, ni complètement repliés et bloqués contre votre poitrine. Abaissez le club vers le sol en vous penchant à partir des hanches, de manière que votre bassin ressorte vers l'arrière et que vos jambes commencent à se redresser.**

2 **Lorsque la face du club touche le sol, pliez doucement les genoux, afin d'alléger la tension de vos jambes, mais sans perdre de la hauteur. Maintenant, vous êtes dans la position parfaite pour viser.**

POSTURE EXERCICE 2

ajuster la posture avec le club

Vous pouvez utiliser exactement la même séquence avant d'adopter votre posture avec chaque club. Mais les différences de longueur des clubs vous obligent à être plus près de la balle avec des wedges qu'avec des bois de fairway ou un driver. En conséquence, vous devrez vous pencher plus en avant, au moment de viser, avec un wedge de pitching qu'avec un driver. Habituez-vous aux différentes postures requises par les différents clubs.

1 **_Le driver_ – Prenez le club et écartez-vous de la balle pour compenser la longueur plus importante de la crosse. Veillez à ce que votre posture soit un peu plus redressée qu'elle ne l'est avec vos fers.**

2 **_Le wedge de pitching_ – Placez vos pieds plus près de la balle. Penchez-vous en avant pour atteindre le grip. Vérifiez que votre flexion compense bien la faible longueur du club.**

POSTURE EXERCICE 3

le contrôle de la posture

Vous devriez pratiquer cet exercice régulièrement, car il vous aidera à corriger votre posture et, plus tard, vous empêchera de revenir aux mauvaises habitudes.

1. Vérifiez votre posture en laissant pendre le club verticalement à partir de vos épaules.
2. Formez les angles corrects au moment de la visée en vous assurant que le club pointe vers le bas, à la verticale, en passant devant votre genou. Si le club passe à l'intérieur de vos genoux, corrigez votre posture en fléchissant au niveau des hanches au lieu de vous appuyer sur les talons pour vous baisser vers la balle.

POSITION DE LA BALLE EXERCICE 1

positionnement avec le driver

1 Tenez-vous debout, les pieds joints, avec la balle exactement au centre et votre poids uniformément réparti.

2 Faites un petit pas vers la gauche avec votre pied gauche, et un plus grand pas vers la droite avec votre pied droit.

3 Assurez-vous que vous êtes dans la position correcte pour frapper une balle avec un driver ou un bois de fairway.

POSITION DE LA BALLE EXERCICE 2

positionnement avec les fers courts

1 Tenez-vous debout, les pieds joints, avec la balle exactement au centre et votre poids uniformément réparti.

2 Faites un petit pas vers la gauche avec votre pied gauche, et un plus grand pas vers la droite avec votre pied droit.

3 Faites un pas un peu plus grand vers la gauche avec votre pied gauche que dans le cas du driver, puis un pas exactement de la même longueur vers la droite avec votre pied droit. De cette manière, la balle se retrouvera exactement au centre de votre stance – ce qui est parfait pour les fers courts et les wedges.

POSITION DE LA BALLE EXERCICE 3

intégrer le positionnement de la balle à la séquence

La plupart des golfeurs jouent la balle trop loin par rapport à leur stance. Assurez-vous que vous n'êtes pas dans ce cas.

1. Placez vos pieds à égale distance de la balle pendant que vous visez.
2. Swinguez normalement et gardez la position de vos pieds, afin de conserver un stance correct après la frappe et d'améliorer votre alignement.

SWING EXERCICE 1

pivoter

C'est le meilleur exercice pour le swing. Il permet un développement correct du mouvement de ressort de la partie supérieure du corps durant le swing. Il faut impérativement adopter la bonne posture.

1 **Adoptez votre posture de golf normale. Placez un club sous vos aisselles et tenez-le du bout des doigts.**

2 **Tout en maintenant l'angle de votre colonne vertébrale et le fléchissement de votre genou droit, tournez le haut du corps jusqu'à ce que la crosse du club pointe droit devant vous. Résistez au mouvement de ressort avec le bas du corps et immobilisez le genou droit pendant que vous tournez les épaules.**

3 **Tournez vos épaules dans l'autre direction, en maintenant toujours l'angle de votre colonne vertébrale et le fléchissement du genou. Ne relâchez pas jusqu'à ce que la crosse du club pointe à nouveau droit devant vous. Dès que le point d'impact est dépassé, redressez le buste et terminez le swing en pivotant vers la cible.**

1

2

3

SWING EXERCICE 2

améliorer le downswing

Pendant la deuxième partie du swing, le downswing, correspondant à la descente du club, le travail des hanches est primordial, jusqu'au moment où la face du club vient frapper la balle, puis remonte après l'impact.

ENTRAÎNEMENT AU SWING

le balancement des mains pendant le swing

1. Balancez vos mains jusqu'à ce qu'elles se retrouvent au-dessus de votre épaule droite au sommet du backswing, puis, le swing se poursuivant, au-dessus de votre épaule gauche.
2. Observez comment vos bras swinguent vers le haut et vers le bas, tandis que votre corps pivote pendant le swing et que vos poignets tournent durant le backswing.
3. Effectuez la frappe en continuant le mouvement de rotation.

1 **Adoptez votre position de visée et balancez doucement le club jusqu'à ce que vos mains atteignent la hauteur de vos hanches. À ce moment du swing, le club doit former un angle droit avec la ligne de la cible et être parallèle au sol. Le bout du club doit pointer vers le haut.**

1

2 **Swinguez vers le bas et continuez le mouvement jusqu'à ce que vos mains remontent à nouveau à la hauteur de vos hanches. La crosse du club doit se retrouver en position parallèle au sol et à angle droit avec la ligne de la cible, tandis que le bout du club pointe vers le ciel.**

2

SWING EXERCICE 3

l'action des poignets

De nombreux golfeurs ont du mal à savoir quand pivoter leurs poignets durant le backswing. Cet exercice vous permet de ressentir comment les poignets guident le club durant le backswing pour lui transmettre la puissance accumulée par le corps et les jambes.

1

1 **Tenez un fer 7 en position de visée et adoptez votre posture normale de golf. Concentrez-vous pour maintenir bien droit le bas de votre dos, une bonne posture étant cruciale pour cet exercice.**

2 **Sans bouger ni lever les bras, pivotez les poignets vers le haut, afin que la face du club quitte le sol et monte. Arrêtez lorsque vos poignets sont à fond.**

3 **Vos poignets étant toujours dans cette position, complétez votre swing en faisant pivoter vos épaules autour de l'axe formé par votre colonne vertébrale lors du backswing.**

2

3

SWING EXERCICE 4

faire revenir le poignet

Cet exercice montre comment le poignet droit se remet en position après avoir pivoté vers le haut durant le swing.

1

1 **Prenez un fer moyen et adoptez une position de visée dans votre posture habituelle.**

2 **Faites pivoter votre poignet droit en arrière, afin que la crosse du club soit parallèle à la ligne de la cible et à l'horizontale.**

3 **Maintenant, tournez vos épaules et montez vos bras vers l'épaule gauche pour compléter votre backswing.**

2

3

EXERCICE SUR L'ANGLE DU CLUB

l'angle de la face du club

L'angle dans lequel vous frappez la balle peut conditionner un tir droit, un slice ou un tir en crochet (hook).

1. Gardez votre grip neutre et pivotez vos poignets correctement durant le backswing.
2. Veillez à ce que la face du club forme un angle de 45 degrés par rapport au sol.
3. Il faut que le bout du club ne pointe pas tout droit vers le bas, car la face du club serait en position trop ouverte et produirait des tirs slicés ou trop à droite.
4. Vérifiez que les rainures ne font pas tournées vers le ciel, car la face du club serait en position trop fermée et produirait des tirs en crochet ou trop à gauche.

SWING EXERCICE DE TEMPO 1

la mitraillette

Dans cet exercice, ne vous souciez pas de la direction que vont prendre les balles. L'important est d'être toujours en mouvement, afin de n'avoir pas le temps de penser à quoi que ce soit en vous positionnant.

1

1 **Placez des balles en rang sur des tees face à vous, positionnez-vous sur la première balle et relâchez votre pression sur le grip.**

2 **Frappez la première balle, puis avancez immédiatement sur la suivante et enchaînez votre backswing.**

3 **Procédez ainsi sur toute la rangée de balles, sans aucune pause entre les tirs.**

2

3

SWING EXERCICE DE TEMPO 2

pour bien lancer le swing

La plupart des problèmes de tempo au swing ont pour origine un manque de rythme et de fluidité lors du takeaway (lorsque le club est lancé dans le sens opposé à la cible) à partir d'une position stationnaire. Cet exercice facilite ces premiers centimètres de backswing, améliorant du coup la vitesse et le rythme de tout le swing.

1

2

1 Prenez un fer moyen et adoptez votre position de visée habituelle ; swinguez ensuite le club en avant vers la cible.

2 Sans vous arrêter, swinguez le club en arrière pour effectuer votre backswing complet. Vous n'avez pas besoin de penser à quoi que ce soit au niveau de la technique. Permettez simplement à l'élan que prend le club de vous aider à compléter votre swing.

SWING EXERCICE DE TEMPO 3

swinguer avec la main droite

Un swing rapide est normalement dominé par le côté gauche du corps. Travaillez cela grâce à l'exercice suivant.

Libérez votre côté droit en faisant quelques swings avec un seul bras, en tenant le club avec votre main droite uniquement.

Répétez cet exercice à une main plusieurs fois, puis essayez de retrouver le même feeling dans votre swing habituel.

POSITIONNEMENT DU DRIVER EXERCICE 1

Le driver est le club le plus long et le plus exigeant pour ce qui est de son maniement. Il requiert un positionnement parfait si l'on veut utiliser tout son potentiel.

Vous devez former une sorte de « K » à l'envers. Formez avec votre bras gauche et la crosse du club une ligne droite qui agira comme un levier pour exercer une pression maximale sur la balle au moment de l'impact, en même temps que votre bras droit et votre jambe droite dessinent les bras de la lettre.

Tenez-vous plus droit que vous ne le faites avec un fer court. Assurez-vous que vos pieds et vos épaules sont perpendiculaires à la cible : si la face du club n'est pas assez haute, la visée sera mauvaise.

SWING DU DRIVER

1 Écartez les pieds pour les aligner avec vos épaules, afin d'avoir une base solide. Assurez-vous que votre bras gauche et le club forment une ligne droite et que votre poids se porte davantage sur votre côté droit (dans une proportion d'environ 60/40). Jouez la balle juste en dessous de votre aisselle gauche.

2 Swinguez le club en arrière de la balle en un grand mouvement circulaire. Idéalement, la crosse du club devrait atteindre une position parallèle au sol au sommet du backswing.

1

2

POSITIONNEMENT DU DRIVER EXERCICE 2

répéter le takeaway lentement

Un exercice pour éviter de démarrer le swing trop rapidement.

1. Répétez constamment votre takeaway, lequel consiste à éloigner sans à-coup le club de la balle pour effectuer un arc de swing large, nécessaire pour obtenir à la fois de la puissance et de la distance.
2. Descendez doucement la tête du club pendant le début du mouvement de takeaway. Mais ne forcez pas le club à descendre quand l'élan du swing et le pivotement du poignet se déclenchent.

3 Le passage du backswing au downswing doit être aussi harmonieux que possible. Ne faites pas plonger la partie supérieure de votre corps vers la balle pour essayer de lancer plus loin. Swinguez avec les bras tendus vers le bas devant vous et maintenez votre tête derrière la balle au moment de l'impact.

3

4 Pour créer la puissance maximale, il est essentiel que votre poids se déplace vers l'avant et donc vers la cible au moment de l'impact. À la fin du mouvement, votre poids doit porter sur le pied avant (pied gauche pour un droitier) et votre buste être face à la cible.

4

TIRS CONTRÔLÉS EXERCICE 1

le fade

Pour exécuter un fade – dévier légèrement la trajectoire de la balle de gauche à droite en fin de course –, la face du club doit être en position un peu ouverte (pointant à droite) par rapport à la ligne décrite par le swing au moment de l'impact, afin de couper (slicer) la balle et de créer un spin de gauche à droite.

1 **Commencez toujours en visant la cible avec la face du club. Puis alignez vos pieds, hanches et épaules légèrement vers la gauche.**

2 **Swinguez le club en arrière le long de la ligne formée par vos pieds et votre corps et non pas le long de celle de la cible. Vous aurez l'impression que vous allez frapper la balle vers la gauche.**

3 **Swinguez en descendant vers la balle, le long de la ligne de vos pieds. Bien que vous swinguiez vers la gauche, la face du club visera votre cible lors de l'impact.**

4 **La ligne que décrit votre swing et votre stance orienté à gauche compensent l'orientation de la face du club et produisent une déviation (de gauche à droite) de la trajectoire de la balle.**

TIRS CONTRÔLÉS EXERCICE 2

le draw

Pour effectuer un draw – dévier légèrement la trajectoire de la balle de droite à gauche en fin de course –, la face du club doit être un peu fermée (pointant à gauche) par rapport à la ligne décrite par le swing au moment de l'impact, afin d'attaquer la balle de l'intérieur en lui donnant un spin de droite à gauche.

1

1 **Comme pour le fade, commencez par viser votre cible avec la face du club. Puis alignez vos pieds, hanches et épaules légèrement vers la droite.**

2 **Swinguez le club en arrière le long de la ligne formée par vos pieds et votre corps et non pas le long de celle de la cible. Vous aurez l'impression de frapper la balle vers la droite.**

3 **Swinguez en descendant vers la balle, le long de la ligne de vos pieds. Bien que vous soyez en train de swinguer vers la droite, la face du club visera votre cible au moment de l'impact. Votre ligne de swing et votre stance orienté à droite compensent l'orientation de la face du club, ce qui produit une déviation (de droite à gauche) de la trajectoire de la balle.**

2

3

TIRS CONTRÔLÉS EXERCICE 3

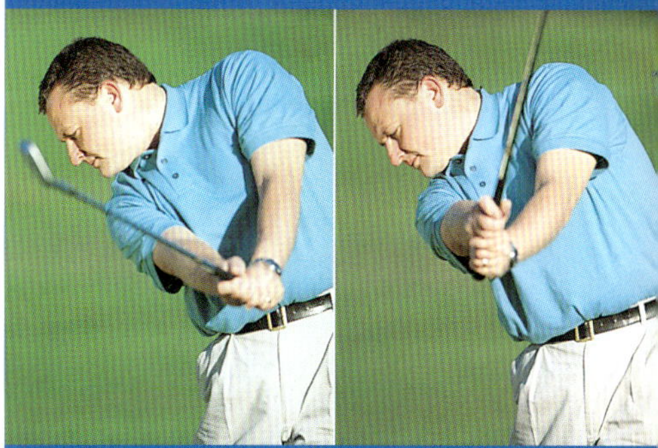

varier la détente des avant-bras

Dans une position soit ouverte soit fermée par rapport à la cible, selon que vous vouliez obtenir un fade ou un draw, vous pouvez accentuer le mouvement par la manière dont vous détendez vos avant-bras lors de la frappe.

❶ Pour un fade, votre avant-bras gauche doit rester au-dessus du droit lors de la frappe.

❷ Pour un draw, votre avant-bras droit pivote sur celui de gauche lors de la frappe.

TRAJECTOIRE EXERCICE 1

frappes hautes

Votre aptitude à varier la trajectoire de vos balles vous aidera à devenir un joueur capable d'adapter ses coups. Pour envoyer des balles à différentes altitudes, vous devez varier la position de la balle, et réduire ou augmenter l'action des poignets lors du swing.
Pour viser haut, vos poignets doivent être très actifs pendant le swing, afin de créer un angle d'attaque plus fort pour soulever la balle.

1 **Placez-vous normalement face à la balle, mais jouez celle-ci plus en avant et serrez moins votre grip, afin que vos poignets puissent pivoter librement lors du backswing.**

2 **Pivotez vos poignets dès que vous commencez votre takeaway. Vous devez avoir l'impression que vous êtes en train de pointer la crosse du club vers le ciel pour créer un plan de swing plus abrupt que d'habitude.**

3 **Maintenez vos poignets en action, mais n'envoyez pas la balle en l'air en laissant votre paume droite se tourner vers le ciel. Pivotez vos poignets vers le haut pendant l'impact pour positionner à nouveau le club sur un plan abrupt.**

1

2

3

TRAJECTOIRE EXERCICE 2

frappes basses

Frapper la balle plus bas demande des poignets moins actifs et un swing plus compact et plus contrôlé, afin d'attaquer la balle moins en profondeur.

1

TRAJECTOIRE EXERCICE 3

varier la hauteur du tir

Vous pouvez varier l'action de vos poignets au moment de l'impact avec la balle sur des tirs sans effet spécial pour faire voler la balle plus haut ou plus bas. Observez les modifications de la trajectoire de la balle lorsque vos poignets sont très actifs durant l'impact où quand ils sont relativement passifs.

2

3

1 Jouez la balle un peu plus en arrière de votre posture que pour un tir normal et déplacez un peu plus le poids du corps sur le pied placé en avant. Vous pouvez maintenir la pression de votre grip à son niveau normal ou l'augmenter légèrement pour réduire l'action des poignets.

2 Concentrez-vous pour éviter le pivotement de vos poignets. Limitez le déplacement du poids de votre corps. Votre backswing sera légèrement plus court que d'habitude.

3 Maintenez vos mains devant la face du club et la balle lors de l'impact et durant la suite du mouvement (follow-through) sur environ 1 mètre.

PITCHING EXERCICE 1

Le coup type en pitching

Le pitch type, joué dans les 25 à 70 mètres du green, utilise une version abrégée de votre swing intégral. Mais il nécessite de modifier votre position de visée, afin de réduire la distance à laquelle vous envoyez la balle.

1 **Tenez-vous plus près de la balle que d'habitude. Adoptez un stance large, de manière que vos hanches et vos pieds visent légèrement à gauche de votre cible. Réduisez l'écartement de votre stance si nécessaire pour améliorer votre équilibre.**

2 **Réalisez votre backswing comme pour un tir normal, mais en tenant le club sur un plan un peu plus vertical. L'ampleur de votre backswing détermine la distance qui sera parcourue par la balle.**

3 **Tournez le buste vers la cible lorsque vos bras redescendent vers la balle.**

4 **Effectuez une frappe bien verticale et terminez par un finish bref et ferme.**

PITCHING EXERCICE 2

backswing et follow-through de longueurs égales

La plupart des problèmes de pitching sont dus à un manque de tempo : soit on a trop abrégé le backswing, soit on a ralenti le club au moment de l'impact.

Le follow-through est la partie du swing postérieure à l'impact et « accompagnant » la balle, avant le finish proprement dit. Il doit être de la même longueur que le backswing.

1

1 **Préparez-vous comme pour n'importe quel pitch.**

2 **Faites en sorte que votre backswing et votre follow-through parcourent des distances à peu près égales.**

3 **Maintenez le même tempo pendant tout le mouvement du swing. Ne ralentissez pas jusqu'à la fin du coup.**

2

3

PITCHING EXERCICE 3

contrôler la longueur du coup

Une des plus grandes difficultés du pitching est d'arriver à contrôler la longueur du coup.

1. Exercez-vous à frapper la balle après des backswings s'élevant à différentes hauteurs de votre corps : hanches, puis buste, puis épaules.
2. Notez les résultats pour déterminer la hauteur à laquelle vous devez élever votre backswing en fonction de la distance à laquelle vous souhaitez envoyer la balle.

PITCHING EXERCICE 4

Régularité du backswing

Les mauvais pitches sont souvent dus à une déviation du club de sa position de visée lors du takeaway et du backswing. Utilisez cet exercice pour éprouver le feeling du mouvement correct de backswing.

1 Mettez-vous en position pour jouer un pitch régulier de 50 à 60 mètres.

2 Effectuez votre backswing en montant vos bras dans la direction opposée à la balle, tout en pivotant vos poignets pour aligner le club correctement. Arrêtez-vous à ce moment précis et enregistrez le feeling que vous devez avoir quand la position est correcte.

3 Montez et descendez le club une ou deux fois pour donner de l'élan à votre swing ; poursuivez avec le downswing.

4 En vous positionnant correctement lors du backswing, vous gagnez de l'assurance pour swinguer et frapper la balle avec aisance et en toute confiance.

PITCHING EXERCICE 5

clubs différents pour varier les coups

Vous ne devez pas vous limiter à votre pitching-wedge pour pitcher.

1

PITCHING EXERCICE 6

éviter les pitches trop courts

La visualisation mentale peut vous aider à maîtriser votre pitching.

- ❶ Exercez-vous en visant le haut du mât du drapeau plutôt que le green si votre tir manque habituellement d'agressivité.
- ❶ Si votre problème est l'inverse, visez la base du drapeau pour être moins agressif sur la balle.

1 **Utilisez des clubs soulevant la balle de manières différentes pour devenir plus diversifié dans vos coups pitchés.**

2 **Observez les variations de vos tirs et à quelle distance votre balle roule en touchant le green.**

3 **Pratiquez des tirs de pitching avec des clubs allant d'un fer 8 à un wedge pour lober.**

2

3

CHIPPING EXERCICE 1

Le coup type en chipping

Le chip type sur courte distance, juste à la limite du green, est relativement simple à jouer. Cependant, de nombreux golfeurs compliquent la chose, soit par un swing trop long, soit en gardant leurs mains trop raides ou trop en arrière.

1

2

1 **Réduisez l'écart de votre posture et jouez la balle au centre du stance. Déplacez un peu plus votre poids sur votre pied placé en avant (gauche, pour un droitier) au moment de la visée. Assurez-vous que vos mains se trouvent en avant de la face du club.**

2 **Maintenez votre poids du corps sur le pied placé en avant, tout en montant vos bras dans la direction opposée à la balle. Fléchissez vos poignets pour suivre l'élan du swing, mais évitez de les pivoter.**

3

3 **Revenez à votre position de visée à l'impact. Maintenez vos mains devant la balle et votre poids du corps sur le pied de devant. La tête du club doit toucher la balle avant de frôler l'herbe.**

CHIPPING EXERCICE 2

descendre le grip

La majorité des golfeurs comprennent qu'ils doivent descendre leur grip sur le club pour avoir plus de contrôle sur les tirs courts. Mais peu d'entre eux le font correctement. L'erreur la plus commune consiste à prendre la position normale de visée, puis de se pencher simplement plus en avant pour descendre son grip. Cela entraîne une posture contraignante, voire gênante.

1 

1 **Laissez le club se poser tout naturellement sur le sol.**

2 **Faites glisser la face du club vers vos pieds, afin que la crosse se redresse jusqu'à constituer un angle similaire à celui que vous adoptez avec votre putter.**

3 **Penchez-vous en avant à partir de vos hanches pour abaisser vos mains sur le grip. Vous pouvez utiliser alors une version plus longue de votre coup de putting.**

2 

3 

CHIPPING EXERCICE 3

créer un angle d'attaque plus vertical

Un chipping réussi implique une frappe de balle descendante.

❶ Placez un club à 15 centimètres derrière la balle en position de visée et frappez quelques coups de chipping.

❷ Veillez à ce que la face de votre club reste constamment square et ne touche pas le sol avant de frapper la balle.

CHIPPING EXERCICE DE FEELING 1

l'échelle

L'un des gros avantages du chipping est que l'on peut choisir le point d'atterrissage sur le green et y envoyer la balle avec précision. Pratiquez l'exercice de l'échelle avec des clubs différents, pour apprendre à évaluer la distance que parcourt la balle.

1

2

1 À partir d'un point situé à environ 1 mètre à l'intérieur du green, posez six ou sept clubs à 1 mètre d'intervalle, comme des barreaux d'une échelle. Un trou n'est pas nécessaire, car il s'agit seulement d'apprendre à maîtriser la trajectoire de la balle.

2 Placez-vous sur le côté de l'échelle. Essayez d'envoyer votre première balle entre les deux premières crosses, puis la suivante entre la deuxième et la troisième crosse, et ainsi de suite. Vous devez pouvoir mettre une balle dans chaque intervalle avec le même club. Essayez ensuite avec un autre fer.

CHIPPING EXERCICE DE FEELING 2

maîtrise du chipping

Une erreur commune chez les golfeurs de toutes catégories dans la pratique du jeu court consiste à effectuer des tirs qui n'obéissent à aucune logique. Le secret d'un entraînement réussi est de reconstituer, aussi fidèlement que possible, ce qui pourrait se passer sur le parcours.

1 **Essayez de retrouver l'état d'esprit qui est le vôtre lorsque vous devez absolument économiser un coup en envoyant directement la balle sur le green à l'aide d'un chip. Cela vous forcera à vous concentrer sur chaque coup et à donner le meilleur de vous-même.**

2 **Quand vous vous exercez sur l'aire d'entraînement, rendez-vous sur le green et efforcez-vous de putter dans le trou après chaque chip. Un bon jeu court combine un bon coup depuis l'extérieur du green et un putt droit dans le trou tout de suite après.**

1

2

CHIPPING EXERCICE DE FEELING 3

diversité des chips

Il n'y a pas deux chips qui se ressemblent.

1. Seuls l'entraînement et l'expérience peuvent vous permettre de diversifier vos chips.
2. Essayez différents clubs, positions de balle, longueurs de swing et frappes de balle.

BUNKER SÉQUENCE DE VISÉE 1

ouvrir la face du club avant de former le grip

Assurez-vous que la face du club reste ouverte pendant l'impact. Il est primordial que vous adoptiez cette position ouverte avant même de former votre grip. Autrement, la face du club reprendra une position square au moment de l'impact et plongera trop dans le sable.

1

2

3

1 **Tenez votre sand-wedge devant vous, seulement avec votre main droite. Laissez le club prendre une position verticale.**

2 **Tournez le grip du club vers la droite pour ouvrir la face du club.**

3 **Placez avec soin votre main gauche, puis replacez votre main droite pour compléter votre grip.**

BUNKER SÉQUENCE DE VISÉE 2

la position correcte pour la visée

La majorité des golfeurs comprennent que leur stance doit être un peu plus ouvert lorsqu'ils effectuent des coups à partir du bunker. Mais ils ne savent pas doser cette ouverture ou commettent l'erreur d'orienter simplement leurs pieds vers la gauche de la cible, sans réajuster la position de la balle.

1 **Allez dans le bunker d'entraînement. Adoptez votre position de visée habituelle, la balle placée au centre de votre stance.**

2 **Ouvrez votre stance en orientant vos pieds et votre corps légèrement vers la gauche de la cible. Observez comment la balle est maintenant plus en arrière. Comparez sa nouvelle position avec votre stance et la ligne de vos pieds.**

3 **Bougez vos pieds de quelques centimètres vers la droite, afin que la balle soit de nouveau au centre de votre stance par rapport à la ligne de vos pieds. Vous êtes maintenant dans la position correcte.**

1

2

BUNKER SÉQUENCE DE VISÉE 3

un « V » dans le sable

Pour vous aider à comprendre comment il faut vous positionner par rapport à la balle pour viser, dessinez un V dans le sable. La face de votre club vise directement le trou en suivant une des lignes du V. Votre corps et vos pieds sont alignés sur l'autre ligne du V.

Jouez la balle en avant de votre stance par rapport à la ligne de vos pieds. À partir de là, tout ce que vous avez à faire, c'est de swinguer votre club le long de la ligne formée par votre corps. Prenez un grip un peu plus bas que normalement si vos pieds sont enfoncés dans le sable.

3

BUNKER EXERCICE 1

le coup du splash

Lorsque vous aurez trouvé le bon positionnement, vous jouerez sans problème à partir du bunker.

1 Préparez-vous en orientant votre corps et vos pieds, progressivement, vers la gauche de la cible. Plus vous irez vers la gauche, plus haut montera la balle et moins loin elle ira. Enfoncez un peu vos pieds dans le sable pour obtenir un stance très ferme.

2 Swinguez en arrière le long de la ligne de vos pieds et de votre corps, et non le long de la ligne balle/cible. Montez votre swing à hauteur d'épaule.

3 Faites revenir votre swing vers le bas, toujours le long de la ligne de vos pieds. Maintenez-vous à la même hauteur durant le downswing. Évitez de redresser vos jambes ou de plonger vers la balle.

4 Votre mouvement retour (follow-through) doit aller au moins aussi loin que votre backswing. Sinon, vous n'aurez pas donné suffisamment de vitesse à la face du club lors de son contact avec le sable.

1 2

3 4

BUNKER EXERCICE 2

swing à une main

Un jeu irrégulier au bunker a deux causes principales : vous n'effectuez pas un backswing assez long ou vous n'utilisez pas le rebond de la semelle du wedge lors de l'impact. Cet exercice permet d'éliminer ces deux défauts.

1 **Ouvrez la face de votre sand-wedge en faisant pivoter le grip vers la droite. Attrapez le club avec la seule main droite. Vous n'avez pas besoin de balle pour cet exercice. Faites quelques swings à une main, en vous assurant que votre backswing parvienne au moins jusqu'à hauteur d'épaule.**

2 **À l'issue du downswing, frappez dans le sable avec confiance, tout en maintenant la face de votre club en position ouverte durant l'impact.**

3 **Votre but est d'arriver à effectuer, à plein régime, un swing complet. Il faut que votre swing se fasse avec autorité et que la face de votre club reste ouverte durant l'impact. C'est ainsi que le rebond de la semelle du club évitera à la face du club de s'enfoncer dans le sable.**

1

cinq règles en or pour jouer dans le bunker

1. Présentez toujours la face du club en position d'ouverture avant de former votre grip.
2. Enfoncez de quelques centimètres vos pieds dans le sable.
3. Adoptez un stance plus ouvert.
4. Swinguez en suivant la ligne de vos pieds, pas la ligne balle/cible.
5. Swinguez jusqu'à hauteur d'épaule durant le backswing, ainsi que lors du follow-through.

2

3

PUTTING SÉQUENCE DE VISÉE

la séquence recommandée

Il n'y a pas de règles strictes en matière de putting, mais, pour parvenir à une régularité optimale, mieux vaut être aussi « orthodoxe » que possible, en adoptant une bonne posture et un bon alignement.

1

1 **Commencez par placer votre putter derrière la balle, afin qu'il vise directement votre cible. Assurez-vous que votre pied gauche ne dépasse pas la balle.**

2 **Fléchissez au niveau des hanches pour former votre grip. Cela vous permet d'adopter la bonne posture, les bras pendant naturellement et confortablement à partir des épaules. Idéalement, vos bras doivent être légèrement pliés aux coudes pour produire le mouvement de pendule requis pendant la frappe de balle.**

3 **Essayez, bien que ce ne soit pas essentiel, d'avoir les yeux à l'aplomb de la balle, afin d'avoir une vision plus précise de la ligne balle/cible.**

2

3

PUTTING SÉQUENCE DE FRAPPE

immobiliser la tête et le corps

Comme le chipping, le tir du putting est un mouvement très simple, souvent compliqué par les amateurs parce qu'ils ne respectent pas quelques principes fondamentaux.

1 Au moment de la visée, la balle doit se trouver en avant du centre de votre stance. Placez vos mains juste au-dessus de la balle. Ainsi, vous frapperez la balle juste avant que votre swing ne remonte.

2 Au démarrage du swing, votre tête et votre corps restent aussi immobiles que possible. Cela permet au putter de suivre la trajectoire correcte lorsqu'il revient vers la balle. Gardez la tête du putter bien en arrière.

3 Durant le downswing, résistez à la tentation de regarder où est partie la balle. Vous devez vous attacher à maintenir un tempo égal à celui du backswing lorsque le putter frappe la balle. Le backswing et le follow-through doivent avoir la même longueur.

1

2

3

PUTTING EXERCICE DE POSTURE

vérifier la ligne du regard

Tenez le bout de votre putter près de votre nez et vérifiez qu'il couvre la balle. De la même manière, assurez-vous que la balle sera jouée en avant du point central de votre stance en tenant l'extrémité du putter au niveau de votre sternum. La balle doit être placée à peu près à 25 centimètres au-devant de la crosse, vers votre pied droit.

TECHNIQUE DE EXERCICE 1

putter avec un club sous les bras

Vos bras et vos épaules doivent travailler ensemble durant le putting pour contrôler le mouvement de pendule d'avant en arrière du putter. Des problèmes surgissent durant la frappe lorsque les bras et les épaules ne fonctionnent pas ensemble. Voici un exercice pour y remédier.

1 **Placez une crosse sur votre poitrine et sous vos aisselles et retenez-la avec vos bras. Roulez doucement vos épaules de haut en bas.**

2 **Veillez à ce que toute la partie supérieure de votre corps suive le même mouvement et que vos bras restent pressés contre votre poitrine durant tout le backswing.**

3 **Assurez-vous que le mouvement de votre corps reste le même durant la suite du swing (le follow-through).**

LECTURE DES GREENS
EXERCICE **1**

le plan en trois points

Les meilleurs joueurs passent souvent beaucoup de temps à lire un putt. Vous n'avez pas besoin d'être aussi pointilleux qu'eux, mais vous devez être observateur et savoir ce que vous recherchez. Comme pour le jeu long, une séquence de visée est absolument indispensable.

1 **Commencez à lire le green pendant que vous marchez vers la surface de putting, après le tir d'approche. Arrivé sur le green, analysez le putt à effectuer en vous plaçant derrière la balle.**

2 **Marchez vers un point situé à mi-chemin entre la balle et le trou, du côté de la pente, afin d'avoir une meilleure vision de la déclivité et de la distance. Essayez d'évaluer la longueur du putt à effectuer sous différents angles.**

3 **Faites un tour autour du trou si vous êtes encore incertain, et placez-vous de l'autre côté du drapeau pour voir le putt à effectuer sous un autre angle. Pour éviter de ralentir le jeu, efforcez-vous de faire ces différentes lectures pendant que les autres font les leurs ou puttent, si cela ne les gêne pas.**

1

TECHNIQUE DE PUTTING
EXERCICE **2**

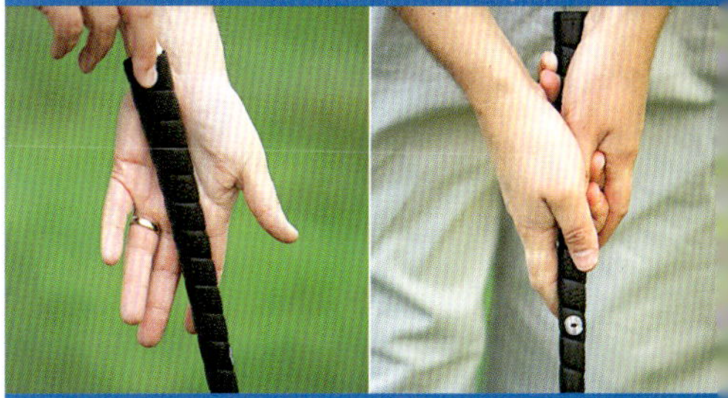

le grip superposé inversé

Pour putter, on utilise un grip différent de celui utilisé pour les frappes à plein régime, afin de réduire l'action des poignets.

❶ Formez le grip comme pour une frappe à plein régime.

❷ Avancez votre index gauche pour qu'il recouvre les trois premiers doigts de votre main droite. Assurez-vous que les deux pouces pointent vers le bas du grip.

❸ Vos mains doivent être compactes et agir comme si elles ne faisaient qu'une.

2

3

PUTTING EXERCICE DE FEELING 1

apprécier la distance

Pour bien putter, il faut combiner une bonne technique avec un jugement correct de la trajectoire et de la distance. La plupart des joueurs puttent en trois coups parce que leur coup initial d'approche s'arrête bien avant le trou. Pour remédier à cela, il n'y a, malheureusement, pas d'autre solution qu'une pratique assidue et un entraînement fréquent, lesquels vous aideront à développer votre feeling du putt. Cependant, ces exercices vous permettront d'accélérer votre apprentissage.

1

2

3

1 **Placez un club à 45 centimètres derrière le trou sur le green d'entraînement.**

2 **Effectuez votre séquence avant la frappe de la balle. Frappez des balles vers la cible que forment le trou et le club.**

3 **Entraînez-vous à envoyer chaque balle dans la zone comprise entre le trou et le club. Cet exercice ne sera réussi que lorsque vous pourrez envoyer dix balles d'affilée derrière le trou.**

PUTTING EXERCICE DE FEELING 2

maintenir le même tempo

Lorsque la balle s'arrête bien avant le trou, c'est souvent que le coup manquait de rythme. Pour les putts courts, le coup est généralement rapide et irrégulier. Pour les putts longs, le backswing est souvent plus long que le follow-through, ce qui ralentit la tête du club au moment même de l'impact. Maintenez le même tempo tout au long du coup, et ce, quelle que soit la longueur du putt. C'est l'amplitude du swing qui détermine la longueur du coup.

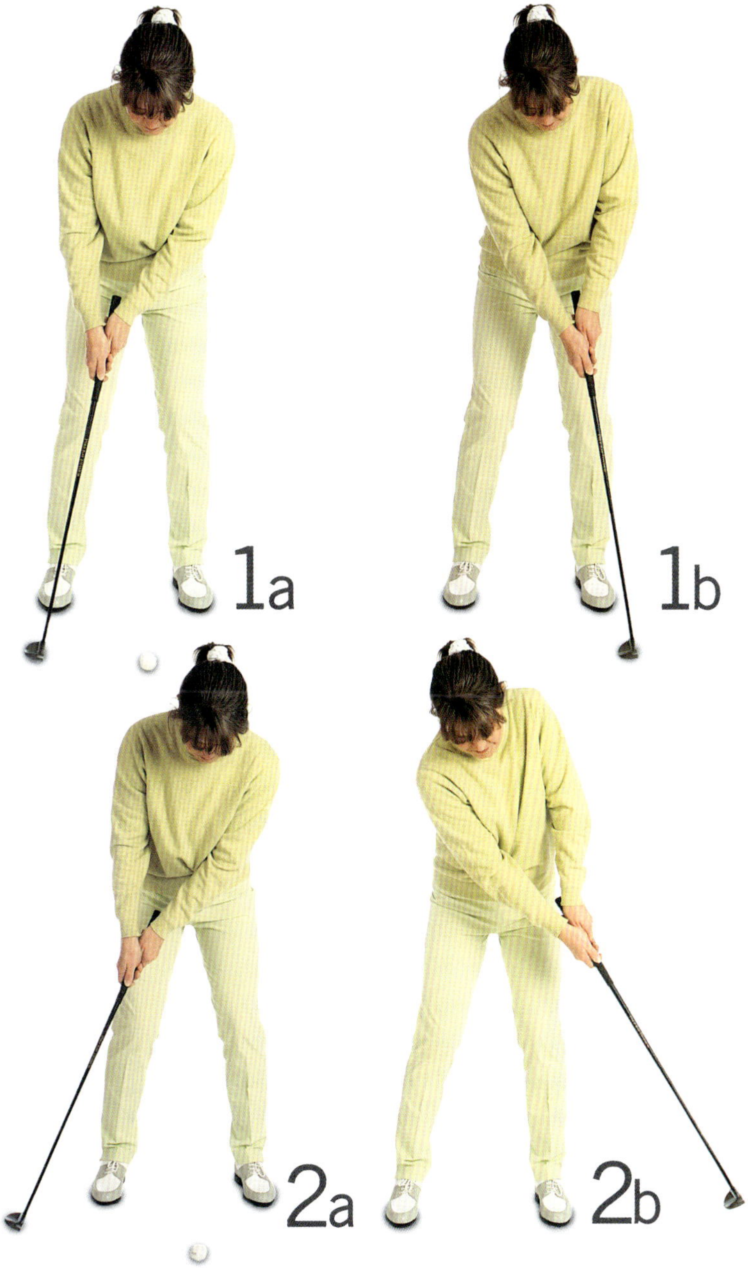

1 **a. Sur un putt court, maintenez un tempo constant et bien rythmé, même si le coup lui-même est un peu court.**

b. Le backswing et le follow-through doivent être plus ou moins de la même longueur.

2 **a. Sur un putt plus long, prolongez votre swing dans les deux sens, afin d'allonger votre frappe. Ne changez pas de tempo puisque vous ne devez pas frapper la balle plus fort.**

b. Pour aller plus loin, allongez le swing ; cela augmentera la force de l'impact.

PUTTING EXERCICE DE FEELING 3

Varier les cibles

Améliorez rapidement votre feeling de la distance en puttant vers des cibles situées plus ou moins loin.

Frappez un long putt, puis un moyen et un court. En variant ainsi les coups, vous développerez votre toucher et votre sens de la distance.

PUTTS COURTS EXERCICE 1

position de la face du putter

Sur les courtes distances, la face du putter doit rester orientée vers l'objectif et parfaitement square, jamais pointe levée. Le putter doit suivre la ligne de putt. Si vous êtes habitué à faire votre backswing à l'intérieur de la ligne, ce mouvement bien droit vous semblera gênant au début. Mais la précision supplémentaire obtenue en maintenant la face du putter perpendiculaire à la ligne vous permettra d'envoyer la balle vers le trou de manière plus convaincante.

1

2

1 **À environ 1 mètre du trou, sur le green d'entraînement, placez deux clubs sur le sol, éloignés d'une quinzaine de centimètres et orientés vers le trou.**

2 **Faites quelques putts, en maintenant bien la tête du putter dans l'axe des deux clubs posés sur le sol. Lors du backswing, maintenez la face du putter perpendiculaire à la ligne que la balle doit suivre.**

PUTTS COURTS EXERCICE 2

être en confiance

Si vous ratez toujours vos putts courts, voici un exercice qui vous remettra en confiance.

1

1 Placez une balle à 1 mètre du trou ; demandez à un ami de tenir un club parallèle au sol et de le pointer vers le centre du trou.

2 Frappez votre coup, en veillant à ce que la crosse de votre putter reste au-dessus de l'autre club.

3 Faites aller et venir votre putter le long de la crosse de l'autre club. Constatez maintenant combien il vous est facile de mettre la balle dans le trou.

2

3

PUTTING EXERCICE 3

comment réduire le backswing

Le ralentissement du putter lors de l'impact est souvent dû à un backswing trop long. Les bons golfeurs font un backswing légèrement plus court. Cela cause une accélération de la frappe de balle, et la balle roule mieux.

1. Plantez un tee environ 20 centimètres derrière la balle. Pratiquez quelques putts à moyenne distance.
2. Veillez à ce que le putter ne touche pas le tee lors de votre backswing.
3. Ayez plus d'autorité lors de l'impact, afin de pousser la balle jusqu'au trou.

Quatrième partie

GESTION DU PARCOURS

Lorsque vous aurez réalisé des progrès dans tous les compartiments techniques du jeu, il restera à vous concentrer sur la dernière composante du golf à améliorer : la gestion du parcours. Une stratégie sensée, une bonne planification et une analyse judicieuse sont des atouts aussi importants qu'un swing efficace. Pour optimiser votre potentiel, il vous faudra apprendre à vous déplacer en confiance partout sur le parcours, en évitant les risques inutiles et en résistant à la tentation d'effectuer des coups hasardeux. Les meilleurs golfeurs sont des maîtres de la tactique.

Vous allez apprendre ici des techniques de gestion du parcours qui vous aideront à économiser les coups et vous permettront de réduire encore votre score à la fin du programme de dix semaines. Votre apprentissage comprendra aussi bien la simple préparation au jeu, en commençant par l'importance d'arriver au club de golf assez tôt pour vous échauffer suffisamment, que l'analyse détaillée de la meilleure manière d'attaquer un par 3 particulièrement difficile ou un imposant par 5. Vous découvrirez également comment protéger votre score sur les premiers trous. Vous apprendrez à jouer le pourcentage comme les plus grands golfeurs du monde et à développer une stratégie pour optimiser le score à chaque trou.

Stratégie et gestion

La manière la plus rapide d'améliorer vos scores, c'est d'accorder plus d'attention à votre stratégie sur le circuit. Cela s'appelle la gestion du parcours. Un grand joueur est un maître tacticien. Il cherche à exploiter toutes les opportunités et à tirer parti de toutes les caractéristiques d'un parcours, en réfléchissant clairement, et de manière constructive, sur le comment et le pourquoi de chaque coup. Vous devez être tout aussi prudent et éviter de gaspiller des coups à cause d'un mauvais calcul ou d'une stratégie inefficace.

Tout comme un grand joueur de billard, un golfeur accompli planifie plusieurs coups à l'avance. Au plus haut niveau, une bonne gestion du parcours peut signifier mettre la balle un peu avant le trou sur un green rapide ou se positionner à sa distance favorite pour effectuer un coup d'approche avec plus de précision. Au niveau amateur, la gestion du parcours est plus souvent un moyen de limiter la casse.

Vous verrez rarement un grand professionnel essayer des coups avec des fers longs ou des bois de fairway à partir d'un rough où il est enfoncé jusqu'aux chevilles. Ou encore, essayer de lancer la balle entre deux arbres trop rapprochés. Ce sont là des erreurs élémentaires, trop fréquentes chez les golfeurs à handicap élevé.

UNE BONNE GESTION DU PARCOURS COMMENCE AVANT LE TEE

Savoir bien réfléchir ne se limite pas au parcours de golf. La façon dont vous vous préparez pour une partie, avant de vous mettre au tee, influence beaucoup votre jeu et votre score. Voici quelques conseils qui vous permettront de commencer votre partie dans le meilleur état d'esprit possible.

Arrivez toujours au terrain de golf au moins une demi-heure à l'avance pour vous faire enregistrer, vous changer et vous échauffer, sans vous presser.

Demandez au personnel du club comment cela se passe sur le parcours. Vous trouverez toujours quelqu'un pour vous en révéler quelques caractéristiques principales et même vous conseiller quant à la meilleure façon de jouer certains trous.

Utilisez votre temps libre avant la partie pour vous préparer mentalement. Restez calme et vérifiez que vous avez ce qu'il faut pour jouer le premier trou : votre balle, vos tees, votre carte de points, votre crayon, vos gants et votre réparateur, tous à portée de main. Vous éviterez la honte d'avoir à fouiller en vain dans votre sac pour trouver une balle ou un tee !

UTILISEZ L'AIRE D'ENTRAÎNEMENT POUR TROUVER VOTRE SWING DU JOUR

Lorsque vous vous rendez sur l'aire d'entraînement un jour de compétition, ou avant une partie importante, ce n'est ni le temps ni l'endroit pour travailler votre swing. Gardez cela pour vos sessions d'entraînement. Résistez à la tentation d'effectuer des changements de technique avant le tee. Utilisez plutôt le temps libre avant la partie à détendre vos muscles. Frappez quelques coups avec chaque club et observez le type de coup que produit votre swing.

Commencez par quelques frappes avec le wedge de pitching et le sand-wedge pour vous mettre en confiance. Puis, effectuez deux coups avec chaque club se trouvant dans votre sac.

Avant de vous rendre au premier tee, terminez toujours votre échauffement avec vos wedges, pour restaurer la fluidité de votre tempo.

Vous serez à même, à ce moment-là, d'apprécier le degré d'efficacité de votre swing et de constater la trajectoire moyenne de vos tirs. Acceptez le fait que c'est votre type de tir pour la journée et tenez-en compte sur le parcours.

PRATIQUEZ QUELQUES PUTTS À DISTANCE AVANT DE VOUS RENDRE AU PREMIER TEE

Il est très probable que, sur les premiers trous d'une partie, vos putts s'effectueront à une certaine distance. N'hésitez donc pas à frapper au moins une demi-douzaine de putts de 9 à 12 mètres sur le green d'entraînement avant de vous diriger vers le premier tee. Vous pourrez ainsi éprouver la sensation du rythme qui prévaudra sur les greens. Et vous aurez aussi une idée de la distance à atteindre pour les longs putts.

AVANT UN PARCOURS

1 **Arrivez au moins une demi-heure avant**
Les amateurs ont la mauvaise habitude d'arriver au club de golf quelques minutes seulement avant le départ du premier tee. Au contraire, partez en avance pour arriver tranquillement au terrain de golf. En route, vous pouvez écouter une musique relaxante, afin d'avoir l'esprit détendu. Vous pouvez aussi en profiter pour visualiser mentalement le premier coup de la partie.

2 **Enregistrez-vous, puis allez vous changer**
Enregistrez-vous toujours dès votre arrivée, puis allez vous changer avant de faire quoi que ce soit d'autre. Ainsi, vous pourrez vous concentrer uniquement sur votre préparation et vous éviterez d'avoir à faire la queue pour vous enregistrer juste avant de jouer.

3 **Mettez de l'ordre dans votre sac de golf**
Assurez-vous que vous avez tout ce dont vous allez avoir besoin pour jouer le premier trou. Ainsi, vous ne perdrez pas du temps et de l'énergie à chercher vos affaires, alors que vous feriez mieux de vous concentrer sur le coup au départ du tee.

4 **Échauffez-vous pendant 10 minutes sur l'aire d'entraînement**
Détendez vos muscles avec quelques coups de wedge. Augmentez graduellement le tempo de votre swing en utilisant vos clubs un à un, en terminant par le driver. Ne changez pas votre technique.

5 **Passez 5 minutes à travailler votre rythme au putting**
Ce n'est pas le moment de modifier votre swing ni de travailler la mécanique de vos coups. Concentrez-vous sur votre rythme et faites rouler la balle sans à-coup. Essayez quelques longs putts et terminez en mettant au trou plusieurs fois à 60 centimètres.

6 **Retrouvez votre calme avant d'aller au premier tee**
Prenez quelques instants pour retrouver votre calme et rassembler vos pensées avant de vous rendre au premier tee. Chassez toute pensée négative de votre esprit.

COMMENT CONTRÔLER VOS NERFS AU PREMIER TEE

Par expérience, vous savez déjà que perdre bêtement quelques coups sur les premiers trous, plus que tout autre facteur, vous a souvent conduit à des scores catastrophiques. Cela se comprend pourtant parfaitement, étant donné la pression nerveuse au départ du tee. Cependant, et bien qu'il n'existe pas de recette miracle, il y a de nombreux moyens de limiter les dégâts et de mettre toutes les chances de votre côté.

D'abord, il faut bien vous mettre dans la tête que tout le monde se trouve dans le même bateau, et que personne n'est vacciné contre la nervosité, pas même Tiger Woods ou Nick Faldo. Votre objectif est de canaliser votre nervosité et d'en tirer avantage, au lieu de lui laisser le champ libre et de perdre tous vos moyens. Voici une procédure qui vous aidera à maîtriser vos nerfs au premier tee.

1. Soyez suffisamment échauffé avant de vous diriger vers le premier tee. Vous devriez être détendu et confiant.
2. Au tee, prenez le temps de visualiser mentalement le coup que vous voulez jouer. Ne permettez pas aux pensées négatives d'envahir votre esprit.
3. Ralentissez votre séquence préparatoire pour compenser l'accélération spontanée de vos mouvements quand vous êtes sous pression.
4. Exécutez votre séquence habituelle avant chaque coup. En effectuant la même série de mouvements inlassablement répétés, vous vous protégez des effets du stress.
5. Focalisez votre attention sur une petite cible intermédiaire, afin de diminuer vos risques d'erreur.
6. Enfin, vérifiez la pression de votre grip avant de commencer à swinguer. Si vous êtes nerveux, vous aurez tendance à trop serrer votre club, et votre tension se propagera à tout votre corps. Détendez votre grip et relaxez vos avant-bras.

ASSUREZ LES PREMIERS TROUS

Les premiers trous donnent le ton pour le reste de la journée. Si vous débutez mal, vous vous mettrez la pression pour compenser vos coups désastreux ; invariablement, vous commencerez alors à jouer plus agressivement, et, au bout du compte, vos coups manqueront de plus en plus de précision.

Les trois ou quatre premiers trous sont l'occasion pour vous de vous installer dans la partie et de prendre conscience de la façon dont vous effectuez vos frappes de balle. Tandis que vos muscles se détendent, vous affinez votre coordination mains/yeux. Évitez donc de rater plus d'un coup durant la première demi-heure de jeu. Plus tôt vous prendrez confiance en vous et mieux vous jouerez durant le reste de la partie.

LES PRINCIPES DE BASE DU JEU DE POURCENTAGE

Jouer le pourcentage n'est pas le sujet le plus exaltant d'une discussion sur le golf. Mais c'est une partie très importante du jeu pour les golfeurs amateurs. Savoir quand s'aventurer à faire des coups de rattrapage et, plus important, quand ne pas le faire, est déterminant pour votre score.

La philosophie de Colin Montgomerie concernant la gestion du parcours est simple, mais efficace. Sa devise est de faire d'un bogey son pire score sur n'importe quel trou. Ce n'est pas qu'il accepte l'idée de renoncer à un coup au moindre problème. Au contraire. S'il perd un coup, il s'assure que le prochain tir ne le mettra pas dans une situation plus difficile. Supposons qu'il fasse un drive qui aboutisse au beau milieu des arbres, et qu'il pense ne pas revenir sur le green au prochain coup. Au lieu de chercher à faire une récupération miracle, il va ré-examiner sa stratégie pour le trou et trouver le meilleur moyen de sauver son par. Normalement, cela voudra dire remettre la balle sur le fairway, dans la meilleure position possible pour tirer vers le drapeau.

CONSEIL

DIVISEZ LA PARTIE EN SIX SÉQUENCES

Voici une excellente manière d'éviter les mauvaises performances et de maintenir votre concentration durant toute la partie. Elle consiste à diviser chaque partie en six étapes de trois trous chacune, et de jouer chaque étape avec un nombre spécifique de coups. C'est la tactique de Per-Ulrik Johansson,

participant de la Coupe Ryder de Suède. Son objectif est de jouer chaque étape de trois trous en 1 sous le par. De cette façon, même s'il est à 2 au-dessus du par après les trois premiers trous, il se concentre sur les trois trous suivants et tâche de faire au mieux, en oubliant sa mauvaise performance du début. De la même manière, s'il réalise des birdies aux trois premiers coups, il ne se met pas à penser que cette série de bonnes performances va bientôt prendre fin. Il oublie ce qu'il a déjà accompli et focalise toute son attention sur une nouvelle cible.

Si vous avez un handicap élevé, fixez-vous comme objectif de jouer chaque étape de trois trous en 3 au-dessus du par. Si vous avez un handicap moyen, visez plutôt 2 au-dessus du par pour chaque étape. Si votre handicap est tout juste au-dessus du chiffre magique de 10, vous vous fixerez comme objectif de jouer trois étapes en 1 au-dessus du par et les trois autres en 2 au-dessus du par.

Assurez-vous toujours que votre objectif est réaliste. Dès que vous l'atteignez régulièrement, montez la barre d'un cran pour relever un nouveau défi.

L'ART DU BON SCORE

Le golf est parfois un sport étrange : certains jours, vous peinez durant toute la partie, vos clubs ne vous donnent que rarement satisfaction, et aucun putt un peu éloigné ne finit au fond du trou. Mais lorsque vous faites l'addition en fin de partie, vous découvrez que vous avez joué environ deux coups sous votre handicap. À d'autres moments, bien que votre swing soit parfaitement contrôlé et que vous frappiez fermement la balle, vous n'arrivez pas à la mettre au fond du trou et vous quittez le dix-huitième green avec un mauvais score qui, pensez-vous, ne reflète guère la manière dont vous avez joué.

Les professionnels savent parfaitement inverser la tendance sur une partie médiocre et finir sur un bon score. Même à votre niveau, il faut apprendre à faire de même. Si Tiger Woods transforme souvent un 72 ordinaire en un 69 plus attrayant, vous devez pouvoir faire évoluer vos parties à 84 ou 85 vers des scores de 80 ou 81.

COMMENT PLANIFIER VOTRE PARTIE

La stratégie joue un rôle important au golf. Mais elle est souvent négligée par les golfeurs amateurs, qui font habituellement peu attention à la manière dont ils doivent jouer un trou lorsqu'ils sont au tee. À l'opposé, les meilleurs professionnels ont un plan détaillé pour chaque partie. Ils savent exactement comment jouer chaque trou.

Si vous jouez presque tout le temps sur le même parcours, vous devez absolument concevoir un tel plan pour votre prochaine partie. Réfléchissez d'abord à la manière dont vous jouez habituellement chaque trou. Demandez-vous s'il n'y a pas une meilleure façon, une manière plus raisonnable de le jouer.

S'il y a un ou des trous particuliers qui vous posent régulièrement des problèmes, analysez cette situation. Est-ce dû à un jeu médiocre ou à un manque de chance ? Il est probable que c'est votre jeu qu'il faut blâmer. Dans ce cas, changez totalement de stratégie la prochaine fois que vous jouez, juste pour rompre avec cette tendance.

ÉLABOREZ VOTRE STRATÉGIE EN SENS INVERSE, DU GREEN AU TEE

Les meilleurs joueurs examinent la forme et les caractéristiques de chaque trou avant de sélectionner leur club et leur ligne de jeu après le tee. Dans la plupart des cas, ils travaillent en sens inverse, du green au tee, commençant un processus mental à partir de la localisation du drapeau sur le green. Ils travaillent ensuite sur les angles à choisir pour leur tir d'approche. Puis ils déterminent le club à utiliser au départ du tee pour y parvenir. Ils réfléchissent, pendant tout ce temps, à la façon de rester loin de tout obstacle potentiel. Ils décident enfin où envoyer la balle au départ du tee.

Tout ce processus mental peut ne durer que quelques minutes, mais il fait souvent la différence entre un par sans problème et un coup perdu.

Si vous visez un handicap inférieur à 10, vous n'avez pas besoin de jouer au golf à la perfection. Sur les neuf trous les plus difficiles du parcours, ceux classés de un à neuf sur la carte, vous devez vous attendre à perdre au moins un coup. Ce sont les trous auxquels vous devriez accorder le plus d'attention dans votre gestion du parcours. Puis qu'un bogey est un score acceptable, si vous pouvez faire un par, vous vous paierez le luxe d'avoir un coup d'avance sur la carte. Cela vous sera utile plus tard dans la partie.

Le fait d'avoir un coup d'avance peut rendre votre approche un peu plus agressive. Attention à tempérer cet enthousiasme.

REPÉREZ LES DIFFICULTÉS

Chaque trou est l'occasion de tester votre technique et votre stratégie. Préparez-vous à relever le défi en examinant le plan du parcours ou les pancartes affichant les distances aux tees, pour découvrir où se trouvent les risques, ainsi que le meilleur trajet à suivre. Observez bien et repérez l'endroit le plus difficile de chaque trou, là où vous risquez d'être pris en défaut. Tout cela vous permettra de diminuer vos risques d'erreur au moment de choisir vos coups.

PAR 3 : STRATÉGIES

Par 3 : stratégies

Une des clés d'un bon score est de « capitaliser » sur les trous en par 3. Si vous réussissez le par à tous les trous en trois coups d'un parcours, ce qui est dans les cordes de la majorité des golfeurs, vous ferez un bon score.

NE SOUS -ESTIMEZ PAS LA DIFFICULTÉ

En jouant un trou par 3, vous devez à tout prix éviter l'erreur consistant à croire que vous allez faire un par simplement parce que le trajet est relativement court.

La désinvolture est la cause principale des coups perdus sur les trous par 3. Les golfeurs expérimentés sont conscients que les trous par 3 ont souvent des greens relativement plus petits mais entourés de bunkers, de pièces d'eau, de roughs et de pentes. Aussi, ils passent plus de temps à opérer leur sélection de club et à élaborer leur stratégie que sur les par 4 et par 5, pourtant apparemment plus difficiles.

SUR LES PAR 3 LONGS, CHERCHEZ LES ZONES DE RÉMISSION

Certains par 3 très longs sont hors de portée, même pour un joueur accompli. Il s'agit, tout spécialement, de ces par 3 qui approchent les 220 mètres. Les concepteurs des parcours en sont conscients et, invariablement, ils incluent dans leur tracé une zone de rémission, destinée aux joueurs à fort handicap et à ceux qui ne frappent pas loin. Parfois, ces zones ne se révèlent pas immédiatement au regard, mais soyez attentif : vous discernerez une région proche du trou où vous pourrez jouer en maintenant la balle loin des obstacles qui entourent le green.

En situation difficile, ne cédez pas à la pression de votre entourage et ne vous laissez pas dominer par votre ego, en insistant pour tirer sur le green, sachant que vous ne pouvez pas l'atteindre. Vous serez plus avisé d'effectuer un tir contrôlé vers la zone de rémission, suivi d'un chip adroitement réalisé. Cela vous laissera une bonne chance de réaliser votre par, ou, au pire, de faire un bogey. Une attaque agressive de la balle au départ du tee avec une face de club à angle droit pourrait au contraire vous attirer beaucoup de problèmes.

PLANIFIER ET JOUER LES PAR 3

1. **N'espérez pas faire un par juste parce que le trou n'est pas loin.**
2. **N'essayez pas de viser les drapeaux cachés derrière des bunkers ou des pièces d'eau.**
3. **Repérez soigneusement tous les obstacles.**
4. **Cherchez les zones de rémission sur les par 3 les plus longs.**
5. **Si vous savez que vous n'arriverez pas à atteindre le green, n'essayez pas.**

SUR LES PAR 3 COURTS, LE CHOIX DES CLUBS EST ESSENTIEL

Vous serez peut-être surpris d'apprendre que les trous les plus traîtres en golf professionnel sont en fait des par 3. Par exemple : le très célèbre 17e trou de Sawgrass, en Floride (environ 120 mètres de long), le 12e trou d'Augusta National, aux Masters (environ 135 mètres de long), le Postage Stamp de Troon (quelque 110 mètres du tee au green). Tous ces trous sont problématiques, car ils requièrent un jeu extrêmement précis dès le tee.

Les par 3 courts sont toujours bien gardés par des bunkers profonds, des pièces d'eau ou des roughs. Le choix des clubs y est donc d'une importance capitale. Observez avec soin la vitesse et la direction du vent, et localisez les zones présentant le plus de problèmes. Dans la majorité des cas, les obstacles se trouvent devant le green. La solution consiste souvent à utiliser un club plus élevé, afin que même un coup mal calculé ou mal frappé ait toujours une chance de toucher le green.

CONSEIL

UN BOGEY N'EST PAS VRAIMENT UN MAUVAIS SCORE SUR UN PAR 3

Colin Montgomerie aime dire que les bogeys s'accumulent lentement, tandis que les bogeys doubles s'additionnent très vite. Il n'y a rien de plus frustrant que de faire un double bogey (5) sur un trou par 3. C'est d'autant plus rageant que c'est facile à éviter. C'est souvent dû à une erreur au départ du tee, suivie d'un mauvais choix au deuxième tir. Voici quelques conseils pour éviter une telle situation.

1. **Sur un par 3, après un premier coup médiocre, assurez-vous que votre deuxième coup touchera le green en toute sécurité.**
2. **N'essayez pas d'envoyer la balle directement au fond du trou, c'est trop risqué.**
3. **Envoyez la balle sur le green et jouez deux putts. Votre score évitera ainsi la castastrophe.**

PAR 4 : STRATÉGIES

Par 4 : stratégies

Les trous peuvent mesurer de 230 à 420 mètres environ. Il est donc évident qu'il n'y a pas de stratégie définie valable pour tous les par 4. Un bon premier coup est cependant la règle. Sur les par 4 longs, vous devez tirer relativement loin et droit pour avoir une bonne chance de faire le par. Mais sur les par 4 plus courts, se créer une occasion de birdie nécessite de faire preuve de beaucoup de précision.

Sur les par 4 courts, si la distance est votre fort, cherchez à atteindre le green. Sinon, jouez la sécurité au départ du tee.

Une idée très répandue est qu'il vaut mieux utiliser, sur les par 4 courts, un fer long ou un bois de fairway – pour la précision – plutôt qu'un driver. C'est parfois vrai, mais cette généralisation peut aussi nuire à votre score au lieu de l'améliorer.

De nombreux entraîneurs conseillent de jouer la précision au départ du tee d'un par 4 court : les trous de 230 à 280 mètres sont souvent conçus pour « punir » ceux qui tentent de driver au plus près du green. Le fairway est généralement très étroit, et la zone d'atterrissage se rétrécit souvent à l'approche du green. Ce qui fait qu'il est difficile de maintenir la balle en jeu après le départ du tee, tandis que la surface de putting est probablement étroite et bien protégée par des bunkers et d'autres obstacles.

Il y a cependant une autre façon de voir les choses. Si la distance et la précision au départ du tee sont vos meilleurs atouts, enlever la balle avec le driver et la faire atterrir près du green réduira la pression sur votre jeu court. Et cela vous procurera l'occasion de jouer trois autres coups et de réussir quand même un par. En outre, vous garderez une chance de réaliser un birdie avec un chip ou un pitch adroitement effectué.

Cette stratégie, cependant, n'est valable que si vous êtes bon sur les frappes à longue distance. Si vous êtes un driver court ou imprécis, le jeu n'en vaut pas la chandelle, car vous aurez à swinguer plus fort et plus vite pour atteindre la distance requise. Si vous manquez de puissance ou de régularité, il vaut mieux frapper avec un fer long ou un bois de fairway, envoyer la balle dans la partie la plus large du fairway et poursuivre avec un tir en plein sur le green.

SUR LES PAR 4 LONGS, RECHERCHEZ LA PRÉCISION PLUTÔT QUE LA PUISSANCE À CHAQUE COUP

Presque tous les par 4 longs sont dans la catégorie « 1 à 10 » de l'index des coups. Ce qui veut dire, bien sûr, que vous ferez

PLANIFIER ET JOUER LES PAR 4

1 **Vérifiez toujours le plan du parcours ou les panneaux indiquant les distances aux tees.**

2 **Préparez bien votre premier coup pour éviter d'envoyer la balle inutilement dans les obstacles du fairway.**

3 **Si le trou est court, demandez-vous où il pourrait vous prendre en défaut.**

4 **Sur un par 4 court, jouez selon vos aptitudes. Les tireurs longue distance doués de précision peuvent tenter de se rapprocher le plus possible du green. Les tireurs courte distance doivent plutôt jouer de façon stratégique.**

5 **Sur un par 4 long avec un index faible, essayez de faire un bon coup. Jouez le trou comme un par 5 si cela fait baisser la pression.**

6 **S'approcher du drapeau dès les tirs d'approche enlèvera la pression sur votre jeu court.**

un bogey sur la majorité de ces trous, sinon la totalité. Quand vous démarrez à environ 400 mètres d'un trou, il faut éviter de driver le plus loin possible. Si vous pensez que le trou est difficile, sachez qu'il le sera encore plus lorsque vous aurez à chipper la balle sur le côté pour revenir sur le fairway. Et vous aurez encore 250 mètres à faire pour parvenir au green.

D'après les statistiques, les par 4 longs sont les trous qui font le plus de dégâts dans une partie. Ainsi, que vous soyez habituellement plutôt court ou plutôt long, la précision au départ du tee restera votre priorité. Pour le tireur longue distance, un swing plus régulier permettra un meilleur impact sur la balle, et la distance sera bonne. Le tireur courte distance ou celui qui tire sur le côté gagnera à maintenir la balle en jeu, pour être en mesure de jouer son deuxième coup du fairway plutôt qu'à partir du rough ou au milieu des arbres. Rappelez-vous qu'un bogey est un score tout à fait acceptable sur un par 4 très dur.

PAR 5 : STRATÉGIES

Par 5 : stratégies

Les meilleurs professionnels voient les par 5 comme autant d'occasion de birdies. Ils s'attendent à gagner au moins un coup au score. Les par 5 constituent une aubaine pour les amateurs, parce que cette plus grande distance leur donne une petite marge d'erreur, et donc une chance de rattraper un coup mal drivé ou un deuxième coup à côté. Un par 5 plus court offre l'opportunité de réaliser un par sûr et sans problème, et, occasionnellement, un birdie. Comme pour les par 3, votre manière de jouer les par 5 pèsera sur votre score final. Réussir au moins le par à chacun des trous longs – ce qui est dans vos cordes – serait déjà une bonne chose.

CHAQUE CHOSE EN SON TEMPS – LA LONGUEUR ET LA DIFFICULTÉ D'UN TROU DÉTERMIMENT LA STRATÉGIE AU TEE

La première chose à faire est d'évaluer votre chance de parvenir en deux coups au green ou dans ses environs. Si vous êtes un tireur longue distance et/ou que le trou soit relativement court et sans problème, driver au départ du tee, en visant directement le green, peut être une bonne option. Vous pourrez parvenir au green avec votre deuxième coup et obtenir ainsi une bonne occasion de birdie ou de par.

Mais le trou peut être un monstre de 500 mètres et comprendre un dogleg (virage serré à gauche ou à droite). Il est alors préférable, sauf pour les professionnels très aguerris, de jouer en trois temps. Si tel est le cas, vous avez plusieurs options à considérer dès le tee. La majorité des golfeurs pensent qu'ils doivent utiliser un driver pour un long par 5, mais c'est loin d'être systématique. Un fer long ou un bois de fairway peut vous amener 25 ou 35 mètres moins loin que votre driver, mais vous trouverez plus probablement le fairway. Puisque, de toute manière, vous ne pouvez pas atteindre le green en deux coups, la distance à partir du tee n'est pas si importante. Vous pouvez finir de couvrir cette distance avec vos deux prochains tirs.

Faites l'expérience : la prochaine fois que vous jouerez un long par 5, résistez à la tentation de frapper avec votre driver à partir du tee, et voyez quel score vous faites sur ce trou. Je parie que vous trouverez le trou plus facile que vous ne le pensiez.

FIEZ-VOUS À VOTRE DISTANCE FAVORITE

Voici une bonne stratégie utilisée sur les par 5 par les champions quand ils ne peuvent pas atteindre le green avec le deuxième coup. Appelée « remise » ou « lay-up », elle consiste à viser délibérément bien avant le trou, afin de jouer le troisième coup avec leur club favori. Celui-ci est généralement un pitching-wedge ou un fer 9. Ces joueurs savent qu'ils peuvent

PLANIFIER ET JOUER LES PAR 5

1 Comme sur les par 3, évitez d'être trop sûr de vous, tout particulièrement quand il s'agit d'un par 5 court.

2 Demandez-vous si vous êtes capable d'arriver au green – ou tout près – en deux coups.

3 Si c'est le cas, vous pouvez prendre le risque d'utiliser le driver.

4 Si le trou est trop long pour y parvenir en deux coups, privilégiez la précision au départ du tee plutôt que la puissance du coup.

5 Essayez de vous retrouver à votre distance favorite du drapeau pour votre deuxième coup lorsque vous jouez un trou long.

6 Ne paniquez pas si vous faites une erreur. Utilisez la distance restante et le coup suivant pour remettre votre balle en jeu.

7 Veillez à ce que les balles que vous pitchez atterrissent sur le green.

faire atterrir la balle à 3 mètres du drapeau en tirant à 80 mètres avec ce club. Donc, même si cette stratégie consiste à jouer la sécurité et selon ses forces, c'est en fait une manière d'attaquer.

C'est aussi une stratégie judicieuse, car elle permet une frappe directe vers le green. Très souvent, sur un par 5, lorsque vous jouez le green dès votre deuxième coup, vous ratez votre tir. Vous vous mettez alors dans une situation embarrassante, puisqu'il vous faudra ensuite pitcher au-dessus d'un bunker ou d'une pièce d'eau, et que seule une frappe délicate et précise amènera la balle près du trou. Alors qu'à partir d'une position plus en retrait, vous pouvez au contraire effectuer, en toute confiance, un swing à plein régime avec votre club favori.

MAÎTRISEZ VOTRE JEU DES 60 MÈTRES POUR CONTRÔLER LES TROUS LONGS

Dans la majorité des cas, les greens des par 5 ne sont pas accessibles en deux coups pour le golfeur amateur. Donc, le troisième tir vers le green se tire dans les 35 à 70 mètres. C'est la distance où les plus grands golfeurs du monde font preuve d'une précision stupéfiante. Dans ce rayon, un grand joueur fait atterrir la balle à 60 ou 70 centimètres du trou, voire plus près avec certains pitches courts.

La qualité de votre pitching est la clé du succès au par 5. Vous n'avez pas besoin de faire preuve de la même précision que les professionnels. Mais il est important de développer votre aptitude à évaluer correctement la distance, afin que votre pitch envoie la balle sur la surface de putting à chaque coup. Bien que cela paraisse simple, bien des golfeurs, y compris parmi ceux à faible handicap, ne réussissent pas, en pitchant, à atteindre la surface de putting. La raison en est qu'ils ne savent pas faire correspondre la longueur de leur swing avec la distance de tir nécessaire.

Si vous parvenez à placer régulièrement vos pitches sur la surface de putting, cela améliorera considérablement votre score.

INDEX

R

S

T

V

W

CRÉDITS PHOTOGRAPHIQUES

Toutes les photographies de l'ouvrage ont été réalisées par Mark Newcombe pour Octopus Publishing Group Ltd.

PARTIE : DATE : PARCOURS DE GOLF :

VOS RÉSULTATS

☐ À UTILISER POUR CHAQUE TROU :

Fairway touché
OUI/NON/PAS APPLICABLE

Green en régulation OUI/NON

Tir d'approche au départ du tee en manquant le green OUI/NON

Chip – haut et bas
OUI/NON/PAS APPLICABLE

Chip à 1,50 m et putt dans le trou
OUI/NON/PAS APPLICABLE

Chip à 1,50 m et putt raté
OUI/NON/PAS APPLICABLE

Sortie de sable en deux temps
OUI/NON/PAS APPLICABLE

Sortie de sable en trois temps
OUI/NON/PAS APPLICABLE

Nombre total de putts

Trois putts : OUI/NON

Trois putts sur trou long
OUI/NON/PAS APPLICABLE

Trois putts sur trou court
OUI/NON/PAS APPLICABLE

Putt d'approche sans rentrer dans le trou
OUI/NON/PAS APPLICABLE

Putt dans le trou à 3 m
OUI/NON/PAS APPLICABLE

Putt dans le trou à 3-6 m : OUI/NON

Putt manqué à courte distance OUI/NON

Pitch joué OUI/NON

Pitch en deux temps
OUI/NON/PAS APPLICABLE

Pitch en trois temps
OUI/NON/PAS APPLICABLE

PERFORMANCE GLOBALE	
Total pour 18 trous : Touches du fairway : Greens en régulation : Total putts : Tirs d'approche manquant le green :	Total coups en trois putts : Total hauts et bas : Récupérations dans le sable : Récupérations de pitch : Putts rapprochés manqués :

NOTES

APPRÉCIATION GLOBALE

POINT FORT DE LA PARTIE